ニューウイング
国語 出題率 高校入試

別冊 詳しい解説・古典の全訳付

目次

（注） 本書の内容についての一切の責任は英俊社にございます。ご不審の点は当社へご質問下さい。（編集部）

出題率って、どういう意味

その単元が入学試験に出題される割合で、
入試対策を効率よく進めるために役立つ情報です。

$$\text{出題率}(\%)=\frac{\text{その単元が出題された試験数}}{\text{調査した全試験数}}\times 100$$

英俊社の「高校別入試対策シリーズ」出版校のすべての問題を、過去3年さかのぼって調査、算出しています。

この本のねらい

この本を手にする受験生の皆さんの中には、高校入試に向けて、いったい何をどのように勉強すればよいのか悩んでいる人も多いことでしょう。もちろん、すべての単元の内容を徹底的に勉強しておけば、実際の入試で十分合格点を取れることは誰もが知っています。しかし、過去の入試問題を見ればわかるように、**「入試で出題されやすい」**内容というものがあります。これを念頭に置いて学習するのとそうでないのとでは、同じ努力でも得られる効果がかなり違ってきます。

この本は、『高校別入試対策シリーズ〈赤本〉』（英俊社）出版校の入試問題を独自の項目で分類して**出題率**を算出し、**「入試で出題されやすい」**内容にねらいを定めた構成としています。入試の実態に即した学習をめざす皆さんには、きっと大きな力になるでしょう。

この本の特長

◆例題で基本のチェック　⇓◆◆◆演習問題◆◆◆にチャレンジ

各単元のはじめに例題がのせてあります。典型的な例題やまとめを掲載していますので、まず基本的なことができているかをチェックしてください。その後◆◆◆**演習問題**◆◆◆で実践的な問題に取り組んでください。

◆出題率の高い問題に的をしぼっているので、より効率のよい入試対策が行える

高校入試で出題率の高い「論理的文章」「古典」「文学的文章」に的をしぼって収録しています。さらに、それぞれの分野でよく出題される設問内容も考慮して、過去の入試問題から良問を選択しています。

◆出題率の高い問題を豊富に掲載

「論説文・説明文」「古文」「物語・小説・随筆」という三つのジャンルから、出題率の高い分野と設問、関連する重要事項に紙面を割いています。

◆まずはじめに、国語の知識を確認

冒頭に「基本　国語の知識」として、「漢字の読み書き」「ことばの知識」「文法」「敬語」などの問題を掲載しています。国語の問題を解くうえで不可欠な知識が確認できるようになっています。

◆最新の傾向をふまえた出典を精選

現代文では、「よく出される著者」を知っておくことも大切です。この本は、最近の出典を調べ上げ、入試までに読んでおきたい文章を精選してあります。

◆詳しい解説・口語訳付き

多くの問題に解説をつけています。解けなかった問題、間違えた問題はじっくりと解説を読み、理解しておきましょう。また、古文は「口語訳」も掲載しているので、心強い味方になるでしょう。

入試に向けての対策

この本は前記の方針に基づいてつくられているので、まずは何度もくり返し取り組み、出題の傾向をつかんでください。そのうえで、まだ理解が足りないと感じたところや、この本に収録されていない単元についても学習を重ねてください。その際に、英俊社の『国語の近道問題シリーズ』をぜひ活用してください。また、出題率の集計結果はあくまでも全般的な傾向になりますので、「出題されやすい」単元の内容を把握するだけでなく、志望校において「好んで出題される」単元や出題形式を知っておくことも大切になってきます。そこで〈赤本〉でおなじみの『**高校別入試対策シリーズ**』（英俊社）を入念に仕上げて、万全の態勢で入試に向かってください。

単元分類と出題率集計

調査対象校：251校　総試験数：817試験

分野	出題試験数	出題率(%)	ジャンル	出題試験数	出題率(%)	順位
国語の知識	387	47.4	漢字の読み書き	259	31.7	4
			漢字や熟語に関する知識	118	14.4	7
			ことばの知識	163	20.0	5
			文法・敬語	146	17.9	6
			文学史	45	5.5	12
			その他・複合問題	71	8.7	10
論理的文章	759	92.9	論説文	742	90.8	1
			説明文	20	2.4	15
文学的文章	614	75.2	物語・小説	542	66.3	3
			随　筆	73	8.9	9
韻　文	67	8.2	詩	8	1.0	19
			短歌・俳句	19	2.3	16
			総合問題（鑑賞文）	43	5.3	13
古　典	691	84.6	古　文	669	81.9	2
			漢　文	28	3.4	14
			現古融合問題	13	1.6	17
作　文	112	13.7		112	13.7	8

白字はこの本の収録分野。国語の知識は「基本」として冒頭に収録。また，いずれも単独問題として出題された数値である。

この本の使い方

演習問題

● 膨大な入試問題から良質な問題を厳選。

例題

● まずはこちらで基本を確認。

● よくある出題パターンについて,問題を解くときのポイントを掲載している。

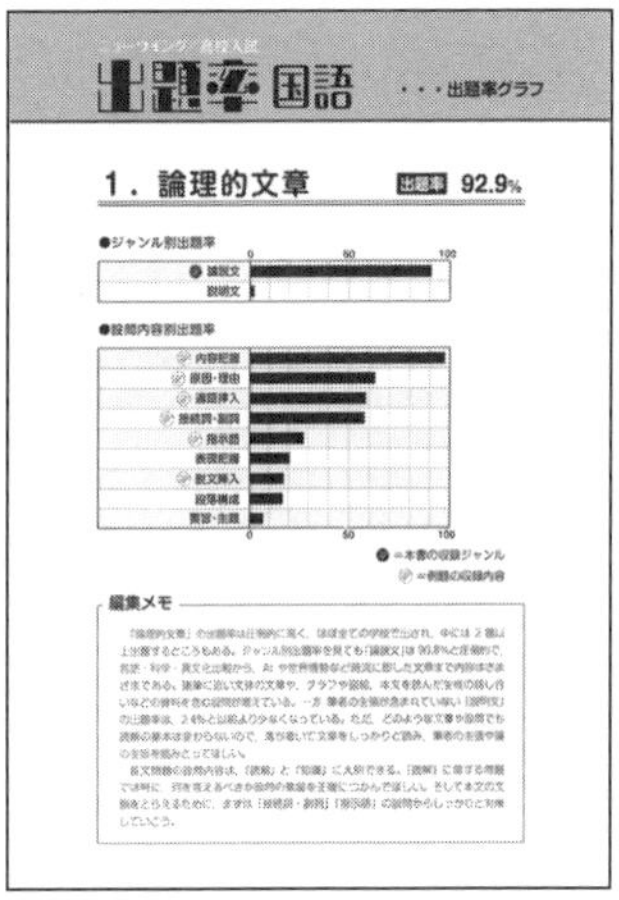

● 各章の最初のページには，それぞれの問題のくわしい出題率やグラフを掲載。

編集メモを読んで，出題傾向をとらえておこう!

★さぁ！
実際に取り組んでみよう!!!

長文問題の出典一覧表

1　論理的文章

掲載ページ

2　古　典

掲載ページ

3　文学的文章

掲載ページ

基本・国語の知識

出題率　47.4%

●ジャンル別出題率

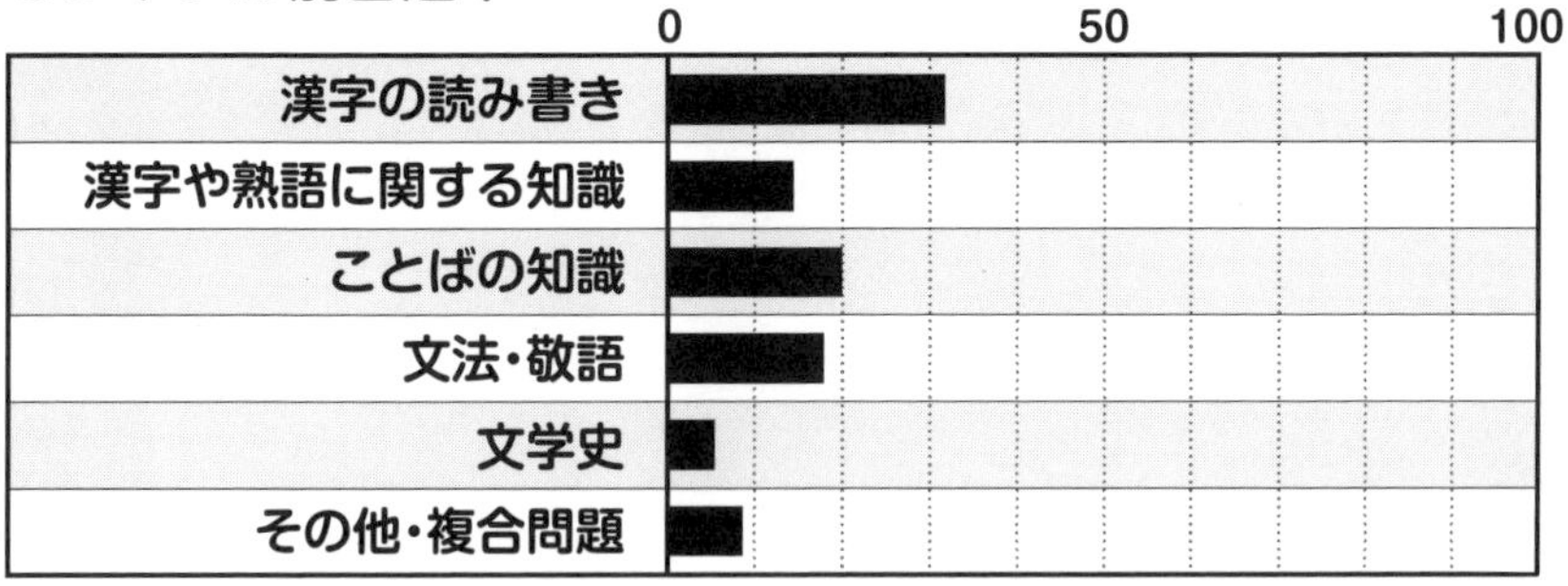

●設問内容別出題率

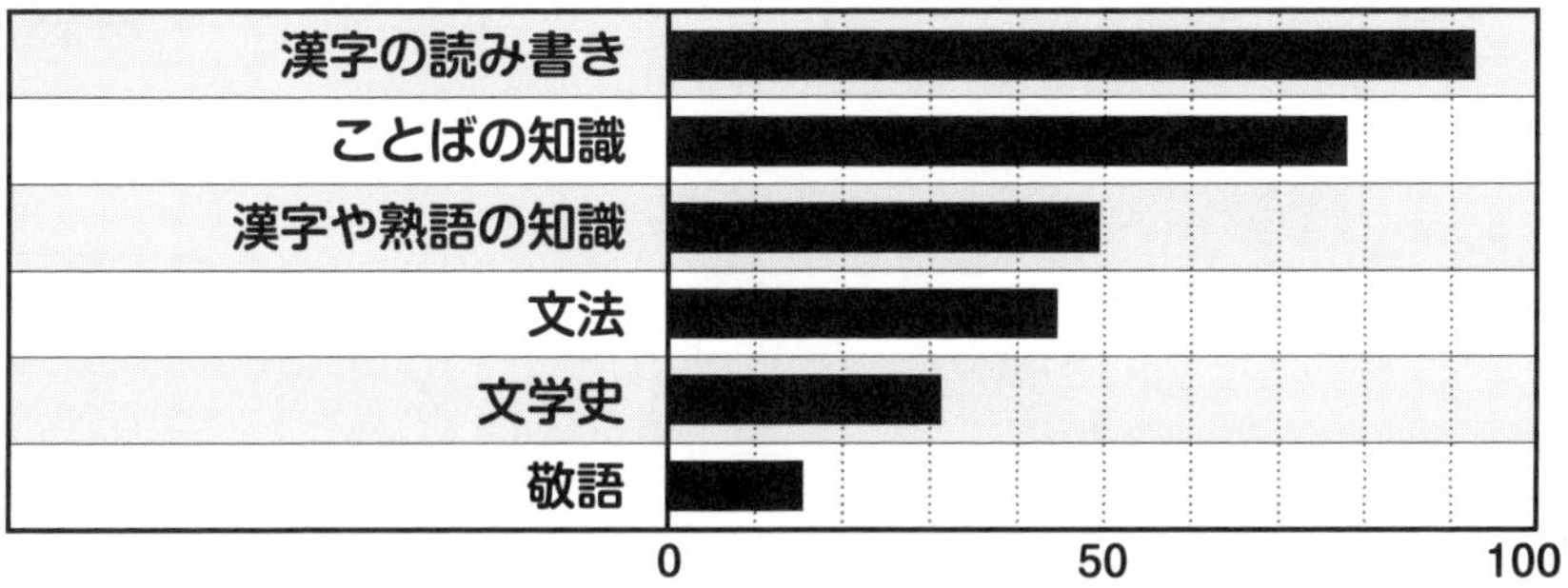

編集メモ

「設問内容別出題率」として上に示した数字は，独立問題だけでなく，論理的文章・古典・文学的文章などにおいて出された「知識」に関する問題も含んで計算したものである。その中でも「漢字の読み書き」と「ことばの知識」の出題率は圧倒的に高く，次いで「漢字・熟語の知識」「文法」「文学史」「敬語」という順になっている。

得点につなげやすいものなので，漢字やことば，文法などは日頃から正しく使うことによって身につけることが肝心だ。教科書に出てきた言葉の表記や意味は必ず頭に入れておくこと。そして数多くの問題をこなし，間違えたところは繰り返し練習して自分の知識にしておこう。

基本　国語の知識

ニューウイング 出題率

1 次の傍線部のカタカナを漢字に直しなさい。なお、送り仮名が必要なものはその送り仮名も書くこと。（関西大学北陽高）

(1) シュウチを集めて協議する。
(2) 専門外のリョウイキに意見する。
(3) 選挙のタイセイが判明する。
(4) 施策のフクアンを出した。
(5) 相手の嘘をカンパする。
(6) 日々のイトナミを大事にする。
(7) サイワイにも状況が落ち着いた。
(8) 口実をモウケて会見を終了する。
(9) タダチニ人事を決定する。
(10) 念願の職にツク。

2 次の漢字の読みをひらがなで答えなさい。（市川高）

(1) 時雨　(2) 世間
(3) 草履　(4) 足袋
(5) 境内

3 次の文章を読んで、傍線部a～eの読みをひらがなで答えなさい。また、後の(1)～(5)の傍線部のカタカナを漢字に直しなさい。（箕面自由学園高）

久しぶりに京都を訪れた。あと二週間もすれば海外の支店にa赴かなければならない。このあたりではちょっと名の知れたb老舗の旅館に泊まることにした。長い年月をc経た店の門をくぐるとd風情ある中庭が見える部屋に案内された。e滑らかな感触を思わせる石が庭の中央に置かれている。

a（　　）か　b（　　）　c（　　）た
d（　　）　e（　　）らか

(1) 新聞に小説をレンサイする。
(2) 練習にはシンケンに取り組むべきだ。
(3) 文章の問題点をシテキする。
(4) 苦しいことをガマンしてきた。
(5) いい香りが部屋にタダヨう。　（　　）う

4 次の(1)～(8)の文の傍線部分について、漢字は読みをひらがなで書き、ひらがなは漢字に直しなさい。（三重県）

(1) 川が緩やかに流れる。　（　　）やか
(2) 窓から夜景を眺める。　（　　）める
(3) 余暇にダンスを習う。
(4) 生命の神秘を探《さぐ》る。
(5) 知人の家をおとずれる。　（　　）れる
(6) 判断を専門家にゆだねる。　（　　）ねる
(7) 部分から全体をすいそくする。
(8) 家と駅との間をおうふくする。

5 次の(1)～(5)の（　）内の漢字のうち正しいものを選び、記号で答えなさい。（華頂女高）

(1) 成功を（ア　収・イ　治）める。
(2) 借金を（ア　清算・イ　精算）する。
(3) （ア　既成・イ　既製）の服を買う。
(4) 問題解決に（ア　努・イ　務）める。
(5) 社会（ア　保証・イ　保障）により守られる。

(1)［　］ (2)［　］ (3)［　］ (4)［　］ (5)［　］

6 (1)～(3)の漢字について、部首名を後の語群から一つ選び記号で答えなさい。また、(4)・(5)の漢字について、最も画数の多いものを一つ選び記号で答えなさい。（東大阪大敬愛高）

(1) 護　(2) 情　(3) 癒

語群　ア　にんべん　イ　ふるとり　ウ　やまいだれ
　　　エ　ごんべん　オ　にくづき　カ　りっしんべん

(4) ア　郵　イ　遠　ウ　善　エ　報
(5) ア　確　イ　複　ウ　窮　エ　糖

(1)［　］ (2)［　］ (3)［　］ (4)［　］ (5)［　］

7 次の行書で書かれた漢字を楷書で書いたときの総画数を答えなさい。（鹿児島県）

［　］画

8 行書の特徴の一つに筆順の変化がある。次の行書で書かれた漢字のうち、部首の部分が、楷書で書いた場合と比べて、筆順が変化しているものはどれか、ア～エから一つ選びなさい。（徳島県）

［　］

9 次の(1)～(3)の熟語は対義語に、(4)・(5)の熟語は類義語になるように、［　］に当てはまる漢字をそれぞれ語群から選んで答えなさい。（興國高）

(1) 解雇↔［　］用
(2) 派手↔地［　］
(3) 分裂↔［　］一
(4) 欠点＝［　］所
(5) 熱中＝没［　］

際　倒　単　見　統　短　当　採　味　頭

10 次の(1)～(5)の漢字の構成はどれに当たりますか。後から選んで、それぞれ記号で答えなさい。（アサンプション国際高）

(1) 甲乙［　］
(2) 不穏［　］
(3) 愚問［　］
(4) 除草［　］
(5) 悦楽［　］

ア　同じような意味の漢字を重ねたもの（岩石）
イ　反対または対応の意味を表す字を重ねたもの（高低）
ウ　上の字が下の字を修飾しているもの（洋画）
エ　下の字が上の字の目的語・補語になっているもの（着席）
オ　上の字が下の字の意味を打ち消しているもの（非常）

11 次の(1)～(5)のことわざの□に当てはまる最も適当な漢字をA群からそれぞれ選び、記号で答えなさい。また、その意味をB群からそれぞれ選び、記号で答えなさい。（同じ記号は一度しか使えません。）（大阪偕星学園高）

(1) 一寸の虫にも□分の魂
(2) 弘法にも□の誤り
(3) のれんに□おし
(4) 馬の□に念仏
(5) 人のうわさも□十五日

A群　ア 耳　イ 七　ウ 五　エ 腕　オ 筆

B群　カ 力を入れても手ごたえのない様子。
キ うわさも自然に忘れられる。
ク いくら意見をしても全く効き目がない。
ケ 弱そうなものをあなどってはならない。
コ その道の名人であっても失敗することはある。

12 次の□に漢字一字を入れ、四字熟語を完成させなさい。また、意味として適当なものを次から選び、それぞれ記号で答えなさい。（完答）（香ヶ丘リベルテ高）

(1) 異□同音
(2) 一期一□
(3) 自□自賛
(4) 絶□絶命

ア 自分で自分をほめること
イ 生涯《がい》に一度だけ出会うこと
ウ どうにもならない危険な状態
エ 人々の意見が一致すること

13 空欄の中に身体の一部を表す漢字を一字入れ、意味の通る文にしなさい。また、意味は後から選び、それぞれ記号で答えなさい。（市川高）

(1) 最後には私も（　）をくくった。
(2) （　）をこらすと小さな光が見えた。
(3) 兄にはとても（　）がたたない。
(4) 友の一言に（　）を疑った。
(5) 無事に合格して（　）をなでおろす。

ア 安心する　イ かなわない
ウ 覚悟する　エ じっとみつめる
オ 信じることができない　カ じっと我慢する

14 次の(1)～(5)の慣用句・故事成語の意味を後からそれぞれ一つずつ選び、記号で答えなさい。（開智高）

(1) 帯に短したすきに長し
(2) 背水の陣
(3) 覆水盆に返らず
(4) 他山の石
(5) 蛇足

【意味】ア 反面教師　イ 疑念　ウ 慎重
エ 多勢に無勢　オ 中途半端　カ 退路を断つ
キ 破竹の勢い　ク 後の祭り　ケ 余計なもの
コ 未完成

15 次のカタカナの言葉の意味を後から選び、記号で答えなさい。（金光藤蔭高）

(1) クラスター
(2) セカンドオピニオン
(3) インフルエンサー
(4) ダイバーシティ
(5) サブスクリプション

ア　小規模な集団での感染
イ　国籍、性別、年齢など、人間の多様性
ウ　主治医とは別の医師に意見を聞くこと。
エ　利用期間が決まっているサービスに対し、定額料金を支払うこと。
オ　世間に大きな影響を与える人。

16 次に掲げる文章の作品名を、後の選択肢から一つずつ選んで記号で答えなさい。（神戸第一高）

(1) 男もすなる日記といふものを、女もしてみむとてするなり。
(2) つれづれなるままに、日暮らし、硯に向かひて、心にうつりゆくよしなしごとを、そこはかとなく書きつくれば、あやしうこそものぐるほしけれ。
(3) 祇園精舎の鐘の声、諸行無常の響きあり。娑羅双樹の花の色、盛者必衰のことわりをあらはす。
(4) 月日は百代の過客にして、行き交ふ年もまた旅人なり。
(5) やまとうたは、人の心を種として、よろづの言の葉とぞなれりける。

ア　土佐日記　イ　平家物語　ウ　古今和歌集仮名序
エ　徒然草　オ　奥の細道

17 次の(1)~(5)の作家の作品を、後の語群から一つずつ選び、ア~オの記号で答えなさい。（宣真高）

(1) 谷崎潤一郎　(2) 斎藤茂吉
(3) 島崎藤村　(4) 湊かなえ
(5) 又吉直樹

ア『告白』　イ『火花』　ウ『赤光』
エ『破戒』　オ『細雪』

18 次の文はいくつの文節・単語からできていますか。それぞれ算用数字で答えなさい。（賢明学院高）

走っているうちに疲れてきた彼は、イギリス人だ。

文節　　単語

19 次の文(1)~(3)の主語と述語として適当なものを抜き出し、それぞれ記号で答えなさい。ただし省略されているときは「なし」と答えなさい。（大阪高）

(例) ア 犬が　イ ネコに　ウ むかって　エ ほえる。
↓主語　ア　述語　エ

(1) ア 私の　イ 日課は　ウ 犬の　エ 散歩だ。
主語　　述語

(2) ア 友人の　イ 結婚式で　ウ 涙を　エ 流した。
主語　　述語

(3) ア 彼も　イ 私たちが　ウ 達成したい　エ ことは　オ 知っている。
主語　　述語

20 次の(1)〜(5)の＝＝線部が修飾している文節（被修飾語）をそれぞれア〜エから選び、記号で答えなさい。（芦屋学園高）

(1) 昨年の　夏休みは、弟の　通う　学校の　近くに　ある　図書館で、ア動物に　イ関する　たくさんの　ウ本を　エ読んだ。

(2) 万一　ア小麦の　価格が　変動し、安定した　供給が　イ得られない　地域が　ウ拡大すれば、大問題に　なる　ことは　エ必至です。

(3) 彼は、さらに　目的地を　アアメリカ東部に　イしぼり、依頼の　あった　ウ宝物を　探す　計画を　立てようと　エした。

(4) 私たちは、修学旅行の　事前研究の　ため、共同で　ア訪問地の　イ歴史と　ウ産業に　ついて　エ調査する　ことに　なった。

(5) 楽しくも　厳しい、ア冗談を　イ言い合いながらの　ウ作業が、かれこれ　半日以上も　エ続いている。

(1) □　(2) □　(3) □　(4) □　(5) □

21 次の――線部の品詞として適当なものを後のア〜コから一つ選び、それぞれ記号で答えなさい。（香里ヌヴェール学院高）

(1) 兄の作った料理はおいしかった。
(2) とてもうれしいことがあったので、頬が緩んだ。
(3) 師匠が弟子の力量を試した。
(4) ご紹介をいただき、ありがとうございます。
(5) 今年こそは、物事を計画的に進めていこうと誓う。

ア　名詞　イ　動詞　ウ　形容詞　エ　形容動詞
オ　副詞　カ　連体詞　キ　接続詞　ク　感動詞
ケ　助動詞　コ　助詞

(1) □　(2) □　(3) □　(4) □　(5) □

22 次の各文の――線部の動詞について、A「活用の種類」と、B「活用形」を、後のア〜サの中から一つずつ選び、記号で答えなさい。（なお、同じ記号を何度用いてもかまいません。）（近江兄弟社高）

(1) 音楽室から彼女の弾くピアノの音が聞こえてくる。　A □　B □
(2) じっと耳を傾けると、心が穏やかになっていくのが分かる。　A □　B □
(3) 帰り道、切ない思いを募らせた僕は、次の駅で降りることにした。　A □　B □

ア　五段活用　イ　上一段活用　ウ　下一段活用
エ　カ行変格活用　オ　サ行変格活用　カ　未然形
キ　連用形　ク　終止形　ケ　連体形
コ　仮定形　サ　命令形

23 次の傍線部について、文法的用法が異なるものを一つずつ選び、それぞれ記号で答えなさい。（智辯学園高）

(1) □　(2) □　(3) □　(4) □　(5) □

(1)
ア　母が出勤する時間は、決して遅くない。
イ　祖母の住む場所は、さほど遠くはない。
ウ　ぜひ質問をしたいのに、勇気が出ない。
エ　この問題を解決するのは、容易でない。

(2)
ア　暑いから、かき氷を食べよう。
イ　今晩も勉強しようと決心した。
ウ　彼は本を借りようとしている。
エ　きっとそのうち慣れてこよう。

(3)
ア　今週は、春の気配が感じられるでしょう。
イ　私は家族や友人に助けられることが多い。
ウ　この家は来年の四月に建てられる予定だ。
エ　解答を見せられると、よくわかりました。

(4)
ア　彼女の言うことは信じられない。
イ　昨晩、犬のほえるのが聞こえた。
ウ　図書館のある場所はどこですか。
エ　まず、先生の話を聞きましょう。

(5)
ア　弟が好きな食べ物は、ハンバーグだ。
イ　我が町の祭りは、とてもにぎやかだ。
ウ　向こうに立っているのは、私の兄だ。
エ　この塔は、見たことがない大きさだ。

24 〈例〉を参考にして、次の(1)～(3)のそれぞれの太字の二語と同じ関係になるように、対応するものをア～ウより一つずつ選び、記号で答えなさい。（綾羽高）

〈例〉 **持つ：お持ちになる**
会う：㋐　お会いになる　イ　お会いする　ウ　会います

(1) **食べる：召し上がる**
見る：ア　ご覧になる　イ　拝見する　ウ　見ます

(2) **する：なさる**
いる：ア　いらっしゃる　イ　おられる　ウ　おる

(3) **言う：申し上げる**
聞く：ア　お聞きになる　イ　お聞きする　ウ　聞かれる

25 次の各文における敬語の使い方として、正しいものにはア、正しくないものにはイと答えなさい。（花園高）

(1) 中村先生がおっしゃられた話は分かりやすかった。
(2) 私の父も、皆さんにお会いしたいと申しておりました。
(3) 田中さんにいただいた果物を、母もおいしいと言ってめしあがっていました。
(4) さきほど森さんのお宅にうかがったところです。
(5) 明日の講演会のご案内を拝見したばかりです。

26 俳句を作るとき次の季語はいつの季節を表すか、後の語群からそれぞれ選び、記号で答えなさい。（金光藤蔭高）

(1) 花見　(2) 門松
(3) 稲刈り　(4) 花火
(5) 布団

ア　新年　イ　春　ウ　夏　エ　秋　オ　冬

27 次の(1)～(3)について、返り点に従って読む順序を算用数字で□に入れなさい。（芦屋学園高）

(1) □□レ□□。
(2) □二□□一□。
(3) □□二□レ□□一□。

28 次は、校内放送において、委員会活動を紹介するために行った「委員長に活動の内容や目的を尋ねる」という企画の中で、生徒会役員の西さんが図書委員長の林さんにインタビューをしている場面です。

この場面における西さんの質問の仕方を説明したものとして最も適切なものを、後のア～エから一つ選び、記号で答えなさい。（山形県）

西さん　図書委員会はどのような活動をしているのですか。

林さん　皆さんに新しい本を紹介したり、図書室に特集コーナーを作ったりしています。

西さん　なるほど。それらの活動をする目的は何ですか。

林さん　生徒の皆さんに一冊でも多く本を読んでもらうためです。

西さん　そもそも、本を読むことにはどんな意義があるのでしょうか。林さんはどのように考えていますか。

林さん　読書により新しい知識を得たり、自分の考えを広げたりすることができます。また、読書は毎日の生活を楽しくしてくれますし、良い本との出会いは一生の財産にもなると思います。

西さん　読書にはそんな素晴らしい一面があるのですね。

ア　相手の話を途中でさえぎって、足りない情報を聞き出そうとしている。

イ　自分の体験に関連した質問をして、相手の共感を得ようとしている。

ウ　同じ質問を繰り返すことで、納得できる結論を導き出そうとしている。

エ　視点を変えながら質問することで、相手の考えに迫ろうとしている。

29 次のグラフについて、後の問いに答えなさい。（アサンプション国際高）

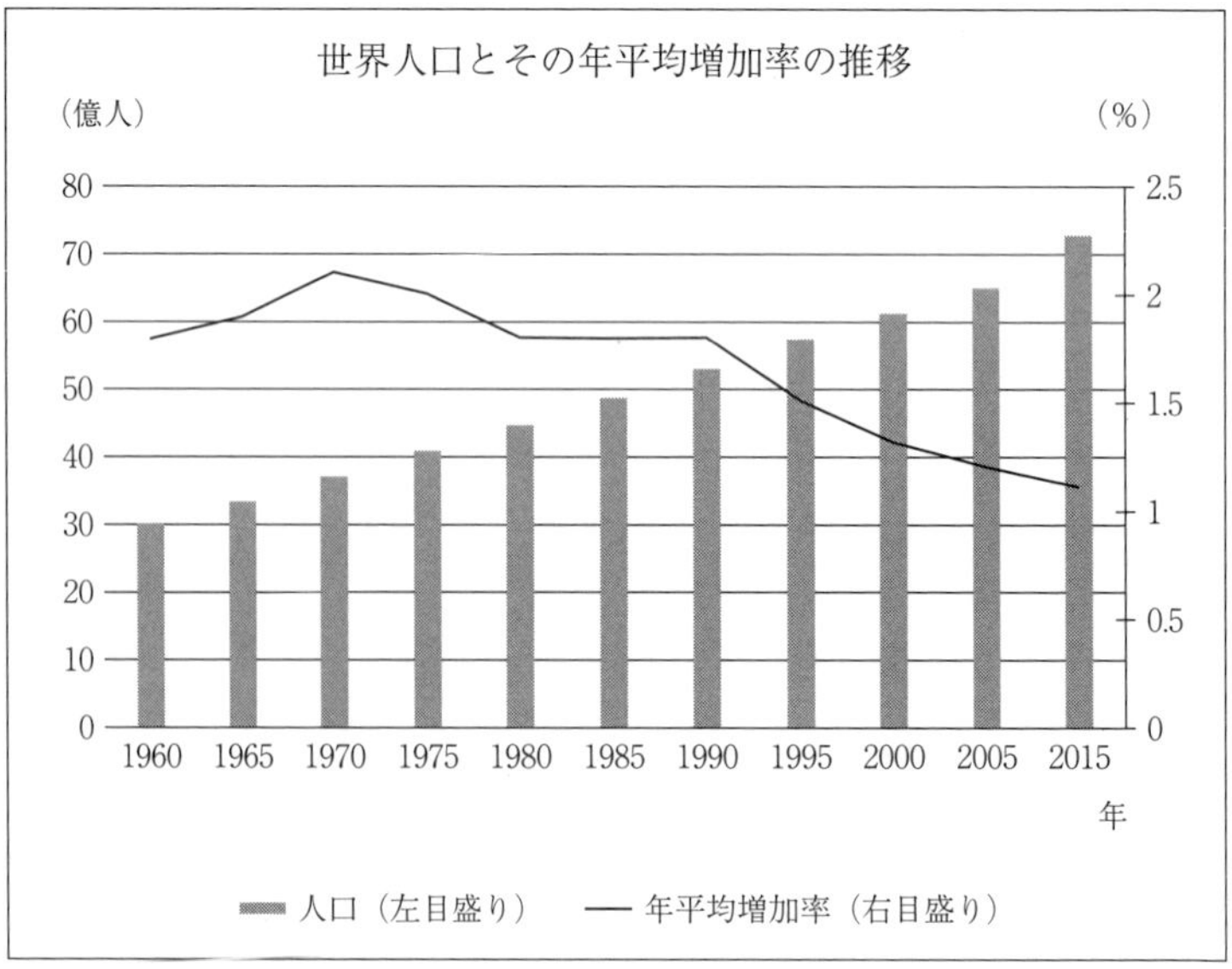

(1)　このグラフは、世界人口とその年平均増加率の推移をあらわしたものです。このグラフからわかることを、「人口」「年平均増加率」という言葉を使って答えなさい。

(2)　このグラフにあらわれているような傾向がこのまま続くとすると、世界の人口は今後どうなっていくと予想されるか答えなさい。

1．論理的文章　出題率 92.9%

●ジャンル別出題率

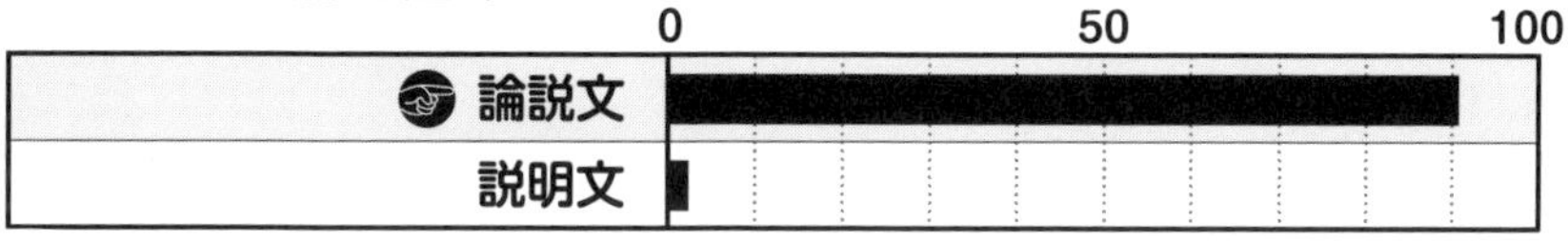

●設問内容別出題率

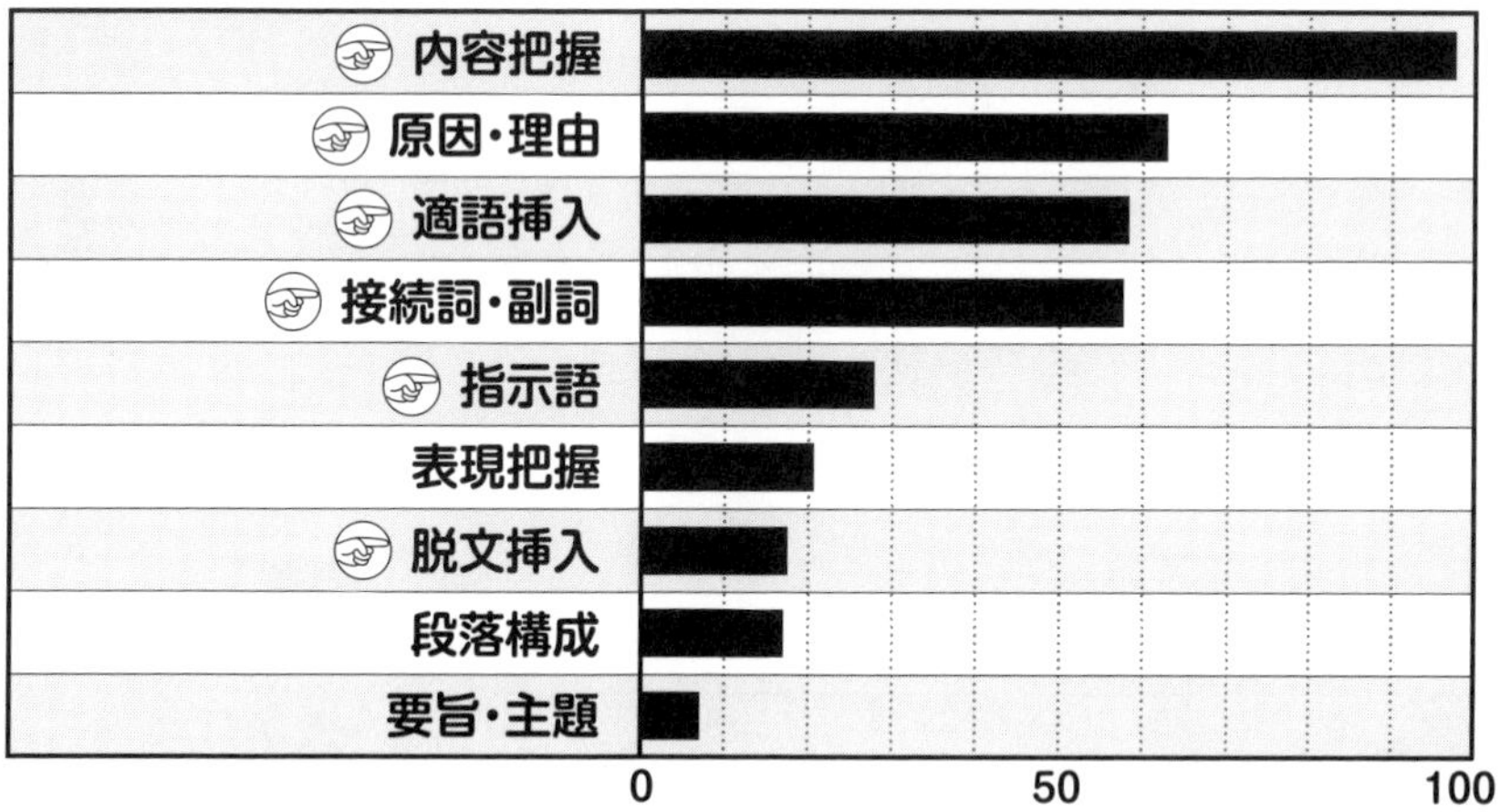

＝本書の収録ジャンル

＝例題の収録内容

編集メモ

「論理的文章」の出題率は圧倒的に高く，ほぼ全ての学校で出され，中には 2 題以上出題するところもある。ジャンル別出題率を見ても「論説文」は 90.8%と圧倒的で，言語・科学・異文化比較から，AI や世界情勢など時流に即した文章まで内容はさまざまである。随筆に近い文体の文章や，グラフや図絵，本文を読んだ生徒の話し合いなどの資料を含む設問が増えている。一方, 筆者の主張が含まれていない「説明文」の出題率は，2.4%と以前より少なくなっている。ただ，どのような文章や設問でも読解の基本は変わらないので，落ち着いて文章をしっかりと読み，筆者の主張や論の主旨を読みとってほしい。

長文問題の設問内容は，「読解」と「知識」に大別できる。「読解」に関する問題では特に，何を答えるべきか設問の意図を正確につかんでほしい。そして本文の文脈をとらえるために，まずは「接続詞・副詞」「指示語」の設問からしっかりと対策していこう。

1 論理的文章

ニューウイング 出題率 **92.9%**

【例題一】 次の文章を読んで、後の問いに答えなさい。

（大阪成蹊女高［改題］）

希望、夢、幸福などと並んで、近年とみに重要視されている価値観が、安心です。

　安心は、希望とは大きく異なるものです。安心が今日これだけ注目されるようになったのは、それだけ不安が広がっていることの裏返しです。将来の先行きが見えないとか、経済の不確実性が高まっているという思いが、安心を求める気持ちを強めているのです。

　[A]、どうすれば安心は得られるのでしょうか。[B]老後の生活の問題で、政府が「安心してください、年金は必ず受け取れます」といったとします。しかし、それが確実に保証されているという見通しがなければ、安心はできません。安心には確実であることが欠かせない条件です。

　それに対して希望は、先行きが確実にみえているわけではありません。[C]希望は、きびしい状況のなかで、先がみえないからこそ、勇気をもって前に進むために必要とされるものです。ある程度の見通しを持てたほうが希望は持ちやすいこともありますが、かといって先がみえてしまっているのであれば、希望など持つ必要もなくなります。

　希望を持つとは、先がどうなるかわからないときでさえ、何かの実現を追い求める行為です。安心が確実な結果を求めるものだとすれば、希望は模索（もさく）の過程（プロセス）そのものなのです。

　不安が大きい社会では、つい確実なものを求めがちになります。[D]

問一 空欄[A]～[E]に入る語句として適当なものを次の選択肢からそれぞれ一つ選び、記号で答えなさい。

ア　たとえば　　イ　しかし　　ウ　では
エ　たしかに　　オ　むしろ

接続詞・副詞

● 空欄の前後の内容が、どのような関係かを考える。

〈接続詞の種類〉

順接	前の内容を原因・理由とする、順当な結果が後にくる。 例だから・すると・したがって
逆接	前の内容とはくいちがう、逆のことがらが後にくる。 例しかし・ところが・けれども
並立・累加	前のことがらに後のことがらを並べたり、付け加えたりする。 例また・そして・しかも
対比・選択	前後のことがらを比べたり、どちらかを選んだりする。 例または・それとも・あるいは
説明・補足	前の内容を言い換えたり、まとめたり、補ったりする。理由の説明や、例を挙げるものもある。 例つまり・なぜなら・たとえば
転換	話題を変える。 例さて・ところで・では

● 呼応（叙述）の副詞は後にくる決まった言葉に注意する。

否定	例決して…ない	**推量**	例たぶん…だろう
仮定	例もし…たら	**疑問**	例なぜ…か
依頼	例ぜひ…ください	**比喩**	例まるで…ようだ

△解説▽ ❶ 前後の流れから、Aは転換、Bは例示、Dは逆接でつながっている。Cは、比較し強調している。Eは、「成功した

不安を招きやすい、変化の激しい時代には、かつて確実と思っていたものが、あっという間に役に立たなくなったりします。

いっとき、プロ野球の世界で「勝利の方程式」といういい方が流行したことがありました。先発ピッチャーが交代した後、二番手は誰、その後の三番手は誰、そして最後の抑えは誰と確実に決めておけば、勝利に結びつきやすいと考えられました。

勝利の方程式があれば、安心してピッチャーの継投策を考えることができます。［E］それで成功したチームもありましたが、そんな成功もふりかえってみれば、一時的なものにすぎませんでした。チームのピッチャーの状態も変わりますし、相手チームの打線の特徴も年々変わっていくでしょう。そうなれば、状況の変化にあわせて方程式も変えていかなければなりません。永久不変の勝利の方程式など、あったら安心ですが、本当はどこにもないのです。

希望も同じです。どうすればもっとよい将来をもたらすことができるかを考え、ときに思い悩みながら、［F］を続ける。そこから希望は、生まれるのです。

安心に比べれば、希望には、［G］。でも、みんなが安心を与えられることばかりを求めて、自分から模索することを望まない社会なんて、実におもしろみのない社会です。

（玄田有史「希望のつくり方」より）

チームもありました」といったん認めている。

答 A、ウ　B、ア　C、オ　D、イ　E、エ

問二 空欄［F］に入る四字熟語として適当なものを次の選択肢から一つ選び、記号で答えなさい。

ア　四面楚歌　　イ　一期一会　　ウ　試行錯誤　　エ　弱肉強食

適語挿入

❶ 前後の内容から**手がかりとなる表現**を探す。
❷ 空欄に答えを入れて、文意が通るか確かめる。

△解説▽❶「どうすればもっとよい将来をもたらすことができるか…思い悩みながら」と述べていることをふまえて、希望を生むにあたって「続ける」べきことを考える。

答 ウ

問三 空欄［G］に入る文として適当なものを次の選択肢から一つ選び、記号で答えなさい。

ア　不安や不確実性がつきものです
イ　安心や確実性がつきものです
ウ　変化や成功がつきものです
エ　模索や結果がつきものです

△解説▽❶「安心に比べれば、希望には」と、安心と希望を比べていることをおさえる。安心は「確実であることが欠かせない条件」、希望は「きびしい状況のなかで、先がみえないからこそ…必要とされる」とあることから、希望の特徴を考える。

答 ア

【例題二】 次の文章を読んで、後の問いに答えなさい。

（大阪信愛学院高〔改題〕）

テストというのは、出題者が一方にいて、受験者が他方にいることによって成り立つ性質のものである。そして、そういう構造が現代の教育にゆきわたってしまったものだから、なによりもぐあいの悪いことに、およそ「問題」というものは、ひとさまからもらうもの、という思考習慣も抜きがたいものになってしまった。小学生、いや、幼稚園の段階から、「問題」は先生が出すものと相場がきまっている。そして子どもたちは、出された「問題」を解くことに熱中して人生のスタートを切る。

もちろん、そのこと自体は悪いことではない。いや、物事を考える訓練は、若い人たちに「問題」を与えることからはじまるものだ。しかし、「問題」は、つねに先生だの、問題集だの、ドリルだのといったふうに外的に与えられるものだ、と考えてしまうのも、人間の精神にとって決して健全なことではあるまい、とわたしは思う。なぜなら、「問題」とは、ほんとうはそれぞれの個人が発見し、そしてつくる性質のものであるからである。

「問題」の発見などというと、たいそうなことにきこえるかもしれないが、たとえば、テレビを見ていた子どもが、突然、テレビって、なぜ見えるんだろう、という疑問を抱いたとするなら、それが「問題」発見なのである。あるいは、走り過ぎてゆく新幹線を見て、あの列車は何メートルの長さなんだろう、という好奇心を抱くのもまた「問題」発見である。なぜ、どうして、というあれこれの好奇心――「問題」というものは、そんな好奇心を母胎《ぼたい》にして、心の中から湧《わ》いてくるものなのだ。外から一方的に与えられるものだけが「問題」なのではない。

実際、哲学者のJ・デューイ*は、「問題解決（problem solving）」という

問一 傍線部「それ」の指示内容を本文の語句を使って五十字以内で答えなさい。

指示語

❶ 指示語の指す内容は、原則として**直前から探す。**

❷ 指示語の代わりに答えを入れ、文意が通るか確かめる。

△解説▽❶「それにつづいて」とあるので、直前の「つまり自分で、なにが『問題』なのか…いったいどういうことになるのか、を考えることがおこなわれ」に注目。

❷「指示内容」が問われているので、「～こと」につながるように解答を整え、「それ」に当てはめて文意が通るか確かめる。解答は文として記述することになるので、最後に「。」を付ける。

答 自分で、なにが「問題」なのか、その「問題」点をはっきりさせるとどういうことになるのか、を考えること。（50字）

（同意可）

問二 本文の内容に合致するものを次から一つ選んで記号で答えなさい。

ア　与えられた「問題」を解くことは物事を考える訓練にはならない。

イ　デューイは「問題つくり」に、自主性を重んじる思想を認めた。

ウ　「問題つくり」から「問題解決」への過程を経るには論理性がいる。

エ　テストは、子どもの健全な成長を阻害するもので、廃止が望まれる。

オ　子どもに自ら「問題」を見つけることを支援しなければならない。

考え方を教育の中に導入した人物として知られているけれども、かれは、「問題解決」よりも「問題つくり（problem making）」のほうが、ずっと大事だ、という主張をしている。つまり自分で、なにが「問題」なのか、その「問題」点をはっきりさせると、いったいどういうことになるのか、を考えることがおこなわれ、それにつづいて、さてそれではその「問題」は、どのように「解決」できるかが考えられなければならないというのである。つまり、「問題」というものは、それぞれの人間がつくるべきものなのである。テレビはなぜ見えるんだろう、と考えた子どもは、そのとき、みごとにひとつの「問題」を自分でつくったのだ。

わたしは、デューイにならって、そんなふうに自分で「問題」をつくる子どもはすばらしいと思う。そして、そういう「問題つくり」をうんと力づけてやるのが大人の責任だと思う。もしも、子どもがこの「問題」を解くために、たとえば百科事典でしらべたり、図書館に通ったり、あるいは近所の電気屋さんに質問をしに出かけたりするなら、さらにこの子どもはすばらしい。自分で「問題」をつくり、かつ解くこと——それこそが精神の自律性というものであるからだ。

（加藤秀俊「独学のすすめ」より）

＊J・デューイ…一八五九年～一九五二年。アメリカの哲学者。

内容把握

本文の内容に合った選択肢を選ぶ問題の場合

❶ 選択肢に出てくる語句や表現を手がかりに、本文中で同じ話題や意見について述べている文や段落を探す。

❷ 選択肢を**一つずつ本文の内容と照らし合わせ**、合致しているかを検討する。

△解説▽ア、「訓練にはならない」とは、本文で述べていない。

イ、デューイの「『問題つくり…』のほうが、ずっと大事だ」という主張を説明しているのであって、「思想を認めた」という表現は不適。

ウ、「『問題解決』への過程を経るには論理性がいる」とは、本文で述べていない。

エ、「問題」が「外的に与えられるものだ」と考えることについて、「健全なことではあるまい」とは述べているが、テストが「子どもの健全な成長を阻害する」ことや「廃止が望まれる」といったことは本文に書かれていない。

オ、筆者が、「『問題つくり』を…力づけてやるのが大人の責任」だと思っていることに着目する。

答　オ

【例題三】

次の文章を読んで、後の問いに答えなさい。

（華頂女高［改題］）

1 ほめられると、われわれの頭は調子に乗る。つい勢いづいて、思いもかけないことが飛び出してくる。

2 ピグマリオン効果というのがある。四十人の生徒のいるクラスを二十人ずつ二つのグループA、Bに分ける。学力はAB平均して同じようにしておく、まず第一回のテストをする。Aのグループには採点した答案をかえすが、Bのグループの答案は見もしないで、教師がひとりひとり生徒を呼んで、テストの成績はよかったと告げる。もちろん、でたらめである。

3 やがてしばらくしてまた、第二回のテストをする。前と同じようにAグループには点のついた答案を返し、Bグループにはひとりひとりを呼び出して、こんどもよくできていた、と答案は見せず、返さずに伝える。生徒はいくらか不審に思うが、ほめられるのは悪くない。あまりうるさいせんさくはしないでそのままにしてしまう。

4 こういうことを何度かくりかえしたあと、こんどは全員の答案を採点、AB両グループの平均点を出してみる。すると、ほめていたBグループの方がAグループより点が高くなっている。これがピグマリオン効果と呼ばれるものである。

5 まったく根拠なしにほめていても、こういう嘘《うそ》から出た実《まこと》がある。まして、多少とも根をもったほめことばならば、かならずピグマリオン効果をあげる。まわりにうまくほめてくれる人がいてくれれば、いつもはおずおずと臆病な思考も、気を許して、頭を出してくれる。雰囲気がバカにならない。いい空気のところでないと、すぐれたアイディアを得ることは難しい。

問一 傍線部「人とよく会っている人の方がすぐれたものを書く」のはなぜですか。次の空欄に入る適切な言葉を、文中から二十字以内で抜き出しなさい。

仲間との会話は、［　　　］で、力づけられるから。

原因・理由

❶ 文脈を正しく読み取り、理由について述べている部分に見当をつける。

❷ **「…から」「…ので」「…ため」「…のだ」**などの理由を表す言葉や、**「だから」「したがって」「なぜなら」**などの接続語に注目する。

◎ 記述で答える場合は、文末が**「…から。」「…ので。」**などの形になるようにまとめる。

△解説▽❶ 空欄の前後に「仲間との会話は」「力づけられるから」とあるように、本文で「仲間と話をする」ことについて述べているところに着目する。論文を書くにあたって仲間と話をして、みんなが「ダメだ、ダメだ、と半ば口ぐせのように言っている」のを聞くことによって、結果的には「自分だけ苦労しているのではない…という気持ちになる」「間接的に…帰ると意欲がわく」という効果を生んでいることをおさえる。

答 間接的にほめられているようなもの（16字）

問二 この文章には、次の一文が抜けています。1～9のどの段落の最後に入れるのが最も適当ですか。数字で答えなさい。

〈それが人情なのではなかろうか。〉

6 考えごとをしていて、うまく行かないときに、くよくよしているのがいちばんよくない。だんだん自信を失って行く。論文や難しい原稿を書いている人にしても、書斎《しょさい》にこもりっ切りで勉強をしているタイプと、ちょいちょいたいした用もないのに人に会うタイプとがある。

7 ちょっと考えると、※籠城《ろうじょう》している人の方がいい論文を書きそうであるが、実際は人とよく会っている人の方がすぐれたものを書くようだ。仲間と話をする。みんな、ダメだ、ダメだ、と半ば口ぐせのように言っている。それをきくだけで、自分だけ苦労しているのではない。まだ、ましな方かもしれないという気持ちになる。間接的にほめられているようなものだ。帰ると意欲がわくということになる。ひとりでくよくよするのは避けなくてはいけない。人と話すのなら、ほめてくれる人と会うようにする。批評は鋭いが、よいところを見る目のない人は敬遠する。

8 見えすいたお世辞《せじ》のようなことばをきいてどうする。真実に直面せよ。そういう勇ましいことを言う人もあるが、それは超人的な勇者である。平凡な人間は、見えすいたことばでもほめられれば、力づけられる。お世辞だとわかっていても、いい気持ちになる。

9 われわれは、どうもお世辞を言うのにてれる。見えすいたことを口にするのを恥じる。しかし、どうせ、あいさつには文字通りの意味はないのである。朝寝坊した人でも人は「お早よう」と言う。ほめるのは最上のあいさつで、それによって、ほめられた人の思考は活潑《かっぱつ》になる。

（外山滋比古「思考の整理学」より）

※ 籠城……家の中にひきこもって外出しないようす。

脱文挿入

❶ 脱文に含まれる、**キーワードとなる言葉**が出てくる部分に注目する。

❷ **指示語・接続語**に着目して**どのような役割をする文なのか**をつかみ、前後の文章とのつながりを考えて、その文が入る場所を探す。

△解説▽

❶ 脱文の「人情」というキーワードに注目。

❷ 脱文に指示語「それ」とあるので、脱文の前で「人情」について述べていると考える。つまり、段落の最後で、「人情」である人間の自然な心の動きや気持ちを述べているところを探す。「お世辞だとわかっていても、いい気持ちになる」という内容は、「思考」ではなく心の動きにあたる。

答 8

演習問題

(注) 特に指示がない限り、句読点や記号も字数に含むものとする。

1 次の文章を読んで、後の問いに答えなさい。 (精華高)

自分をどう見せるか、ということに長《た》けていた人といえば、アップルの創始者、①スティーブ・ジョブズを先《ま》ず思いつく人も多いだろう。彼に関しては、人によって好き嫌いも分かれれば、※毀誉褒貶《きよほうへん》も激しい。【ア】優れた人に特有の大きな長所とそれに見合うだけの大きな欠点もあり、私もいいところばかりの人物だとは思わない。

彼には、良い商品をaナットクするまで良い外観にして世に送りだす、という哲学があったように思う。そのために発売前に何度もちゃぶ台返しをし、その結果会社を追われたり、無慈悲なリストラをbクり返したりした。

[A]、彼ほど新商品を出すときのプレゼンテーションの姿を世界中の人々の[B]に焼き付けた人も他にいないのではなかろうか。着ている服はいつも同じ。※三宅一生《みやけいっせい》デザインの黒いタートルネック、※リーバイスのジーンズ、ニューバランスのスニーカーである。

とりわけ忘れられないプレゼンテーションは「iPod nano※」の商品発表の時のものだ。②あまりにも鮮やかなアイデアだったので、多くのメディアが取り上げて、ジョブズのファンでない人も、その日の彼の振舞いを[B]に焼き付けている人は多いはず。

その日彼は、ジーンズの右ポケットの内側にある、普段はコイン入れにしか使えない小さなポケットから、小さな小さな機械を取り出した。一千曲も音楽が入れられる、(当時としては) 夢のような機械だという。全世界の人の目を、小さなポケットに釘付けにしてしまったのだ。「iPod nano」の宣伝の演出を考えて、その結果、彼は自分をも見事に演出しきったのである。【イ】

演劇でいうなら、小道具をカッコよく扱う俳優はカッコいい。和服の着こなしのよい人もカッコいい。自分を演出できている人である。

営業マンなら売りたい商品をカッコよく見せるように考えなくてはならない。野球選手ならグラブさばきの美しさが人気につながる。

他人にプレゼンをする際、時間ギリギリにcトウチャクし、汚いバッグからあたふたしながら資料や商品を取り出して……というのでは③最初から負けは見えている。

知り合いの編集者がこんなことを言っていた。

「持ち込みの原稿で、見栄えを気にしないものが驚くほど多い。汚い手書きは論外。たとえパソコンで作成したものでも、見出しを太字にしたり、タイトルを大きくするなど、細かいd配慮をしているものはとても少ない。紙が汚い、というのも珍しくない。そんな中で、きれいな紙をきちんと整えていて、読みやすくしてあれば、それだけで編集者の受け止め方は良くなる。【ウ】この筆者はきちんとした人なのだな、と」

書き手にとって[C]はもっとも大事な商売道具のはず。その見せ方、演出を考えない時点で売り込みの基本から外れている。

どんな仕事であっても、何らかの道具は使う。その扱い一つで自分の見え方は異なる。【エ】

自分を演出できる人は、④自分の愛するものの演出を考える人であるということになりそうだ。

(竹内一郎「あなたはなぜ誤解されるのか 『私』を演出する技術」より)

※毀誉褒貶…ほめたりけなしたりすること。
※三宅一生…デザイナーとして世界的に活躍している人物。
※リーバイス、ニューバランス…それぞれジーンズ、スニーカーのメーカーの名前。
※iPod nano…二〇〇五年に発売された小型の音楽プレーヤー。

問一　波線部a〜dのカタカナは漢字に直し、漢字はひらがなで読みを答えなさい。
a［　　］　b［　　り］　c［　　］　d［　　］

問二　空欄Aに入る適当な語を、次から選び記号で答えなさい。［　　］
ア　つまり　イ　だから　ウ　また　エ　だが

問三　次の一文は本文中の空欄【ア】〜【エ】のどこに入りますか。記号で答えなさい。［　　］
あの人は凄い人だ、と。

問四　傍線部①に対する筆者の評価として最も適当なものを、次から一つ選び記号で答えなさい。［　　］
ア　良い商品を世に送りだすためなら周りからどう思われても気にせず、とことんまでやり抜く人物。
イ　大きな舞台に出るときもいつも同じ服を着て、服装や外見にこだわりや興味を持っていない人物。
ウ　悪い部分も持ってはいるが、商品や自分を客に売り込み印象づける手段については一流の人物。
エ　開発現場をかき乱したり、リストラを行うなど、上司としてはいいところばかりとは言えない人物。

問五　空欄Bに入る身体の一部を漢字一字で答えなさい。［　　］

問六　傍線部②とはどのようなアイデアかを説明した次の文の空欄にあてはまる言葉を、それぞれ後の語群から選んで答えなさい。
1［　　］　2［　　］　3［　　］
・普段はほとんど［1］小さなポケットから商品を取り出すことで、その商品の［2］を強調し、同時に［3］音楽を持ち運べるギャップで商品の素晴らしさを伝えた。
語群　膨大な　無意味な　すばらしい　使われている
美しさ　小ささ　性能　強度

問七　傍線部③と筆者が言うのは何が欠けているからですか。本文中から二字で抜き出して答えなさい。［　　］

問八　空欄Cに入る適当な語を、本文中から二字で抜き出して答えなさい。［　　］

問九　傍線部④とありますが、営業マンにとっての「愛するもの」とは何にあたりますか。本文中から五字程度で抜き出して答えなさい。［　　］

問十　筆者の主張として最も適当なものを、次から一つ選び記号で答えなさい。［　　］
ア　人物の内面や商品の内容がよくなくても、見た目や演出しだいでは周りから高い評価を得られる。
イ　ファッションや道具は一流のものを身につけることで、それに応じた評価を得ることができる。
ウ　自分をよく見せるためには自分の身の回りの道具をきちんと使うことを意識する必要がある。
エ　生き様が動きや道具の扱い方に現れるので、そこに注目すればその人が信頼できるかがわかる。

2 次の文章を読んで、後の問いに答えなさい。　（中村学園女高）

わたしたちは日々の会話にせよ、「何のために生きるのか」といった問題について議論する場合にせよ、つねに言葉を使います。それなしには会話も学問も成りたちません。それほど大切なものですが、①従来はこの言葉の問題に哲学のなかであまり大きな関心が払われていませんでした。それは、言葉は思想を表現するための単なる手段であると考えられていたからです。［A］近年は、言葉がわたしたちの考えるという営みに深く関わっていることが意識されるようになり、言葉の問題も哲学のなかでさかんに議論されるようになってきました。そういうことも踏まえて、本章では「言葉とは何か」ということについて考えてみたいと思います。

前章でわたしたちは「意味の世界」のなかに住んでいると言いましたが、言葉はこの「意味」と深く関わっています。「意味」を一つひとつ表現したものが、「言葉」であると言ってもよいかもしれません。

もちろん「意味」は一人ひとりが違っています。その人が何に関心を抱いているかで、ものの現れ方が違ってくるからです。言葉はそうした違いにすべて対応しているわけではありません。言葉のもっとも大きな役割は、他の人と②コミュニケーションをとるというところにあります。［B］、言葉は多くの人に共有されて、はじめてその力をa発揮します。言葉を使って他の人とのあいだで意思の疎通をb図ることができるのは、言葉の意味のなかに互いに共有しているものがあるからです。あとで少し詳しく説明したいと思いますが、この共有されている意味を言葉の「③基礎的意味」と言ってもよいかもしれません。この共有されているものを手がかりにしてわたしたちは互いに言葉を交わし、お互いを理解しあいます。したがってこの共有されている意味が、言葉の重要な部分をなしていると言うことができます。

しかし言葉はこの基礎的な意味だけをもっているわけではありません。わたしたちが言葉で何かを表現しようとするとき、それが④出来合いのことば（ここでは、言語としての「言葉」に対し、一つひとつの語という意味で「ことば」とひらがなで書きます）ではうまく表現できないということがしばしばあります。あじさいはわたしの好きな花の一つですが、雨に濡れたあじさいはとくに美しく感じられます。その花のcドクトクの色合いや雨を含んでいっそう緑が濃くなった葉の美しさを誰か他の人に――雨のなかに咲くあじさいの花を見たことがない人に――ことばで伝えようとして、それがいかに困難か、いや、ほとんど不可能であることに気づかされます。それでも、それをあえて表現しようとするとき、わたしたちはわたしたちがもっている既存のことばを使わざるをえませんが、そこに何とか新しい意味を込めて、自分が見たり、感じたりしたものを言い表そうとします。そうした方法を使ってわたしたちは、無限な広がりをもつ「意味」に対応しようとします。むずかしい試みですが、決してその可能性がないわけではないと思っています。

第五章で、哲学はわたしたちの身の回りにある不思議なものを考察の対象にし、どこまでも真理をdタンキュウしてきたと言いましたが、言葉もまた、とても不思議なものだと思います。⑤たとえば「ツクエ」とか、「イス」という音（音声）を聞いて、わたしたちはなぜそれがことばだとわかるのでしょうか。またなぜその意味がわかるのでしょうか。不思議だと思いませんか。

「ワンワン」や「ドンドン」といった［Ⅰ］や、「つるつる」や「ねばねば」といった［Ⅱ］の場合には、その音とそれが意味するものとのあいだに、何かしらつながりがありそうにも見えます。しかし「ツクエ」や

「イス」の場合には、それが意味する机や椅子とのあいだにそのようなつながりはまったくありません。それにもかかわらず、なぜそれが机や椅子を意味しているとわかるのでしょうか。

なかなか答を見つけにくいむずかしい問題ですが、この問題を考えるためには、一つひとつのことばではなく、言葉全体を考える必要があるのではないかと思います。

言葉は一つひとつのことばが密接に結びついた一つのシステムだと言えるのではないかと思います。わたしたちはあらかじめこのシステムをもっており、そのなかで「ツクエ」なら「ツクエ」、「イス」なら「イス」という音を聞いているために、それがことばであると判断できるし、またその意味を理解できるのではないでしょうか（手話の場合も、手の動き全体が一つのシステムとして機能しており、そのなかで一つひとつの手の動きが意味と対応しています。それは話し言葉の場合とまったく同じです）。このシステムのなかにない音はeザツオンとして聞かれます。時計のコチコチという音やまな板をたたくトントンという音のように、そもそも言葉ではなく、理解の対象とはならない音もあります。［C］外国語の場合のように、言葉であるらしいということはわかっても、まったくちんぷんかんぷんで、このシステムのなかに入ってこない場合もあります（オペラのアリアが意味がわからなくても耳にここちよく響くのは、それが言葉としてではなく、音楽として聞かれているからでしょう）。

（藤田正勝「はじめての哲学」より）

問一　二重傍線部a～eのカタカナは漢字に直し、漢字はその読みをひらがなで答えなさい。

a［　］　b［　］る　c［　］
d［　］　e［　］

問二　本文中の傍線部①「従来」・②「コミュニケーション」・④「出来合い」について、それぞれの言葉の文中での意味として最も適切なものを次のア～エからそれぞれ一つずつ選び、記号で答えなさい。

①　従来
ア　前世　イ　これまで　ウ　現在　エ　これから　［　］

②　コミュニケーション
ア　関係　イ　共有　ウ　意思　エ　伝達　［　］

④　出来合い
ア　既製　イ　創造　ウ　新生　エ　相当　［　］

問三　本文中の空欄［A］～［C］に入る言葉として最も適切なものを次のア～エからそれぞれ一つずつ選び、記号で答えなさい。

ア　つまり　イ　たとえば　ウ　しかし　エ　また

A［　］　B［　］　C［　］

問四　本文中の空欄［Ⅰ］、［Ⅱ］にはa擬態語・b擬音語のどちらを入れるのがよいか、それぞれ記号で答えなさい。

Ⅰ［　］　Ⅱ［　］

問五　本文中の傍線部③「基礎的意味」と同じ内容を示す部分を本文中から二十字で抜き出して答えなさい。

［　　　　　　　　　　　　　　　　　　　　］

問六　この文章について感想を述べ合った。AさんとB君、Cさんの会話の中の空欄（①）～（③）に当てはまる言葉として最も適切なものを次のア～エからそれぞれ一つずつ選び、記号で答えなさい。

①［　］　②［　］　③［　］

Aさん「筆者は言葉によって伝えることの（①）について述べているわね。」

B君「雨に濡れた美しいあじさいの様子を伝えるのは（②）とまで言っている。」

Cさん「わたしたちが持つ言葉に（③）を込めると伝わると言ってるよね。」

① ア 不可解　イ 無意味　ウ 誤解　エ 難しさ

② ア 困難　イ 不可能　ウ 不思議　エ 容易

③ ア 気持ち　イ 愛情　ウ 共有性　エ 新しい意味

問七 傍線部⑤「たとえば『ツクエ』とか、『イス』という音（音声）を聞いて、わたしたちはなぜそれがことばだとわかるのでしょうか。またなぜその意味がわかるのでしょうか」とありますが、その答えとなる箇所を本文中より抜き出し、解答欄に合う形で答えなさい。

□から

問八 この文章での筆者の主張として最も適切なものを次のア～エから一つ選び、記号で答えなさい。□

ア わたしたちが使う言葉は「意味」が一人ひとり違っているから、お互いを理解しあうことはできない。

イ 言葉で何かを表現しようとしても、うまく表現はできず、相手に伝えることは全く不可能である。

ウ わたしたちはもともと持っている言葉に新しい意味を込めて、無限に広がる「意味」を表そうとする。

エ 外国語と物音はわたしたちが音声としてしか認識できないので、そこに「意味」は認められない。

---

3 次の文章を読んで、後の問いに答えなさい。（芦屋学園高）

私はおおよそ15年以上にわたり、NHK Eテレで放送されている『にほんごであそぼ』という子ども向け番組の総合指導を行っています。

番組では、毎年ある時期になると、次年度の企画を考える会議を行います。この企画会議の素晴らしさは、始まったA途端から参加者たちが怒濤《どとう》のようにアイデアを発言するところにあります。

新コーナーの提案や、既存のコーナーのリニューアル、出演者などについて、みんなで何十個ものアイデアを出し合います。Bサイヨウされるのはごくごく一部なのに、とにかく出されるアイデアの数が過剰なのです。

私の役割は総合指導なので、本来はみんなの意見をとりまとめる立ち位置なのかもしれないのですが、やはり参加者と一緒になって考え、ひたすらアイデアを出し続けます。

一つの□が提示されると、その□に対して別の人が「こうしたらどう？」と提案を加え、議論を重ねながら最終的な落としどころへと導いていきます。

［Ⅰ］、実はこの会議には「Cエンチョウ戦」があります。いったん会議を終えて、食事会へと移行するのですが、そこでも当たり前のように参加者がひたすらアイデアを出し続けるのです。

最初は食事をとりながら、なごやかに話し合っていたはずが、気がつくと、食事をするのも忘れ、(1)興奮状態のまま白熱した議論を展開することになります。

［Ⅱ］、読者の皆さんの職場などでは、日常的にこんな活発な会議が行われているでしょうか。

会議の場では、意見を求められたときに一般論を口にする人がいます。

例えば、男性向け化粧品のアイデアを出す会議で、「男性というのは、そもそもモテたいという願望が強いですよね」などと発言する人です。

一見、もっともらしい発言をしているのですが、そういう人に限って最後まで他人事のような抽象論に終始します。D肝心の具体的なアイデアを出そうとしない、つまりは「考えていない」のです。

［Ⅲ］、発言の機会を得てから、「えーと、ですね……」のように考え始める人もいます。それまでの時間いったい何をしていたの？と問い詰めたくなります。(2)こういう人は会議前も会議中も準備をせず、ずっと考えているふりをしています。

私は長年教員をE務めていることもあり、１００人規模の授業をしていても、どの学生の頭が働いているかどうかを全員F把握することができます。話し方や話す内容だけでなく、表情からも思考レベルが不思議と読み取れるのです。

(3)私の経験上、ちょっと真面目に見える人のほうが危険です。真面目な顔をしているわりに、意見を求められても具体的な発言が出てこないGケイコウがあります。思考に集中している顔というのは「真面目そうな顔」とは違います。真面目風な人ほど、実は何も考えていないパターンが多いのです。

本当に真面目なら、一生懸命アイデアや意見を出すはず。［Ⅳ］、それがない人は「真面目風」なだけで、真実は超不真面目なのです。

考えている人は、アイデアや意見など、具体的なアウトプットをしている人です。商品企画部に勤務する人なら、企画を提案してはじめて「考えていた」と評価されます。

考えているふりでは、何も生み出せません。重要なのは、仕事や勉強などで何かを生み出すこと、そして、そのためにどう考えるべきかなのです。

（齋藤　孝「思考中毒になる！」より）

※　アウトプット＝何かを生み出すこと。

問一　――線A～Gの漢字はひらがなに、カタカナは漢字に直しなさい。

A［　　］　B［　　］　C［　　］
D［　　］　E［　　］　F［　　］
G［　　］

問二　筆者は「企画会議」でどのような活動をしているか。文中の言葉を用いて答えなさい。

問三　二つの□の中に共通して入る言葉を本文中から四字で抜き出しなさい。

問四　［Ⅰ］～［Ⅳ］にあてはまる接続語を次の中から一つずつ選び、記号で答えなさい。

ア　さて　イ　あるいは　ウ　そして
エ　なお　オ　つまり

Ⅰ［　　］　Ⅱ［　　］　Ⅲ［　　］　Ⅳ［　　］

問五　――線(1)とあるが、何について「白熱した議論を展開する」のか。簡潔に答えなさい。

問六　――線(2)とはどういう人のことか。文中の言葉を用いて答えなさい。

問七　――線(3)と筆者が言っているのはなぜか。その理由を述べた三十字の文を抜き出しなさい。

4 次の文章を読んで、後の問いに答えなさい。

（東大谷高［改題］）

超一流の達人になるためには、どうしたらよいのか。もしその方法があるのだとしたら、誰もが知りたいと思うのではなかろうか。教育者、教育研究者、各領域での第一人者やその人を育てた親などが、自分はこうしてここまでになった、あるいは自分はこうして天才を育てた、というエピソードを披露する。［Ⅰ］、誰もが同じ道筋をたどるわけではない。また、超一流になるために要する時間や条件も、分野によって異なることもあるだろう。しかし、分野が違っても、熟達者たちの間で共通した特徴があるのと同様に、熟達者になる道筋にも共通点があるようである。様々な分野での超一流の達人の実践には、どのような意味があるのか。これをA紐解《ひも》くことで、超一流の達人となるために必要な条件とその道筋を考えていこう。

ある分野で熟達を目指した人たちが最も油の乗る時期、［Ⅱ］ピークに達する年齢は、その人が目指す分野の性質によって大きく異なる。では、それぞれの分野で［①］に一流と認められるようになるには、ふつう何年くらいかかるのだろうか？　フロリダ州立大学教授で熟達の認知研究の第一人者であるアンダース・エリクソンによれば、［①］に活躍できる熟達のレベルになるには、どんな分野においても一万時間程度の訓練が必要になるそうだ。《ア》

一日二、三時間、毎日訓練をつづけると一〇年くらいになる。これを「一〇年修行の法則」という。チェスや楽器演奏、ある種のスポーツ（とくに身体の肉体的成熟の完成が必須条件でないスポーツ）のように、一〇代半ばに一流になる、いわゆる「天才」と呼ばれる個人が出現することがたしかにある。［Ⅲ］、そのような「天才」は、ほとんどの場合、非常に年少の頃から音楽やスポーツの道に進むことを決めていて、一〇代半ばにはすでに一〇年間におよぶトレーニングの集中期間を経てそこに至っている。《イ》

エリクソンたちは、プロの音楽家たちを四つのレベルにランク付けして、それにアマチュアレベルを加えて計五グループに分類した。そして、彼らの日常の活動を記した詳細な日記を提供してもらい、この人たちが四歳から二〇歳までの間にどのくらいの時間を練習に費やしたか推定した。すると、より達成度の高い熟達者は、達成度の低い熟達者に比べ、二〇歳までに約三倍もの練習時間を費やしていること、Bアマチュアレベルの人たちの累積練習時間は、最も達成度が高い熟達者グループの一〇分の一でしかないことがわかった。《ウ》

しかし、ただ時間をかければよいわけではない。エリクソンたちは練習時間と達成度の関係を調べただけでなく、練習の質についても調査を行った。アマチュアレベルの人たちは楽しみのための練習をする。それに対して、達成度の高い熟達者たちは、練習を楽しみではなく、向上のために行っている。《エ》

誰もが本番では集中して必死になる。しかし、練習でどれだけ必死になれるだろうか。エリクソンによればアマチュアレベルの人と達成度の高い熟達者との間の著しい違いは、練習中の集中度だ。達成度の高い熟達者の練習は高い集中度を保つため、メリハリをつける。集中度が落ちてくると休み、集中力が低下したまま、むやみに練習をつづけることはしない。一流の熟達者は極度に集中し、考え抜いた練習を、後に支障がないように持続できる最大の時間、行っているのである。《オ》

アメリカには「ＩＴブートキャンプ」という特訓プログラムがあるという。軍隊式で一日一一時間、週六日、三カ月のコースで、ＩＴに関する知識と技術をたたきこむ。そのような集中コースが三カ月コースで受講料二〇〇万円以上という授業料にもかかわらず大人気で、入学が認められるのは応募者の三%程度であるそうだ（朝日新聞二〇一四年一二月三日付記事）。その選抜に合格するには、平均四〇時間かかるという課題をまずクリアしなければならない。第一次選考を通過すると、さらに一五〇時間かかる課題が待っているという。その課題を完成して提出できた人だけが最後の面接試験を受けることができるそうだ。

Cほんとうに必要な集中力というのは、明日までに何かを仕上げる、時間制限の中で集中できるということだけではなく、集中力のD緩急をつけて、困難な問題を途中で投げ出さずにやりぬくために、集中力のコントロールができることだ。この力を身につけるには、最小限の努力で［②］に知識を覚えること、つまりドネルケバブ(注)を大きくするというエピステモロジー(注)を捨て、自分が最も大事だと思うことを長期にわたってやり抜く訓練を、小さいころから習慣づけて継続していくことしかないのではないだろうか。

（今井むつみ「学びとは何か――〈探究人〉になるために」より）

(注) ドネルケバブ……肉片を竹輪状に貼りつけながら炙《あぶ》るトルコ料理。
エピステモロジー……知識についての認識。知識観。

問一　［Ⅰ］～［Ⅲ］を補うのに最も適当な語をそれぞれ次から選び、記号で答えなさい。

ア　さらに　イ　また　ウ　すなわち
エ　しかし　オ　もちろん

Ⅰ［　］　Ⅱ［　］　Ⅲ［　］

問二　傍線部A「紐《ひも》解く」の意味として最も適当なものを次から選び、記号で答えなさい。

ア　誤解を解く　イ　分かりやすく教える
ウ　一つにまとめ上げる　エ　調べて明らかにする
オ　証明する

［　］

問三　［①］・［②］を補うのに最も適当な語をそれぞれ次から選び、記号で答えなさい。

ア　圧倒的　イ　効率的　ウ　国際的
エ　一時的　オ　意図的

①［　］　②［　］

問四　傍線部B「アマチュアレベルの人たちの累積練習時間は、最も達成度が高い熟達者グループの一〇分の一でしかない」の内容を示したグラフとして最も適当なものを次から選び、記号で答えなさい。

［　］

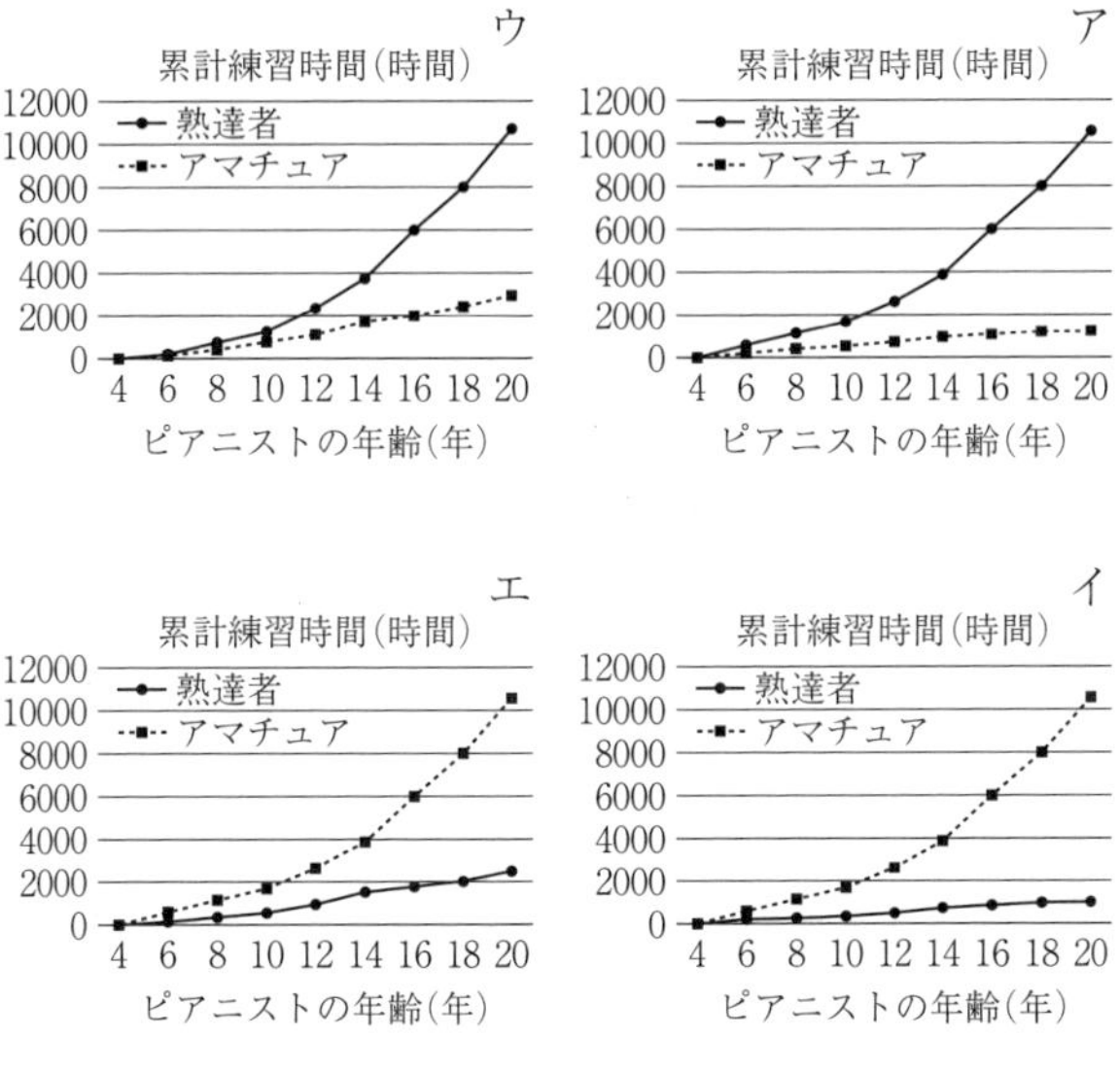

問五　傍線部C「ほんとうに必要な集中力」とは、どのようなことをさすのか。本文中から十六字で抜き出して答えなさい。

［　　　　　　　　　　　　　　　　］

問六　傍線部D「緩急」を言い換えた表現を、本文中から四字で抜き出して答えなさい。□□□□

問七　本文では、次の文が欠落しているが、文中の《ア》～《オ》のどこに補えばよいか。最も適当な記号で答えなさい。□

　つまり、練習時間と熟達のレベルの間には歴然とした関係があるということだ。

問八　本文の内容として適当でないものを次から選び、記号で答えなさい。□

ア　分野が違っても、熟達者になるための条件や道筋には共通するものが多いようである。

イ　若い年齢で熟達する人もいるが、累積練習時間と熟達のレベルには深い関係性がある。

ウ　熟達者はアマチュアと比べ累積練習時間が多いだけではなく、練習中の集中度が高い。

エ　熟達者は集中度の高い練習ができるだけではなく、集中度が下がった際の工夫をしている。

オ　芸術分野では練習の集中度が達成度に影響するが、学習では取り組んだ時間と成果は比例する。

5　次の文章を読んで、後の問いに答えなさい。（履正社高）

　現代人は「関係を切る」ことによって「便利」な生活をしようと思いすぎていないだろうか。（中略）

　しかし、関係を切ることばかり熱心になりすぎて、自分はまったくの孤独であることにふと気づいたとき、不安でたまらなくなるのではなかろうか。病気になれば医者がいる。腹が減れば食堂に行けばよい。【ア】このような言い方をする限り、われわれは孤独ではなく、便利に生きている。しかし、①そこに生じる「関係」は薄いものではなかろうか。

　ある父親が不登校の子どもに悩んだあげく、「現代は科学が発達し、ボタンひとつ押せば人間が月まで行けるのに、うちの子を学校に行かせるようなボタンはないのですか」と言われた。［A］、子どもを登校させる「②科学的方法」はないのか、というわけである。この発言は現代に生きる人間の考えを③端的に示していて、深く考えさせられたのである。【イ】

　この父親が言うとおり、科学・技術の発展によって、人間は実に多くのことを可能にした。その方法の凄《すご》いところは、それが普遍性をもっていて、誰でもいつでも指示されたとおりのことをすると、結果はちゃんと望みどおりに出て来ることである。これが「ボタンひとつ押すと、月まで行ける」ということになるのだろう。しかし、科学・技術の方法は、自分の取り扱う対象を自分から切り離し、客観的な「もの」として対象化することによって成立する。自分から切り離したものとして観察し、操作するので、それは誰にでも通用する普遍的な方法を生み出してくるのである。

　このような方法が便利なので、人間は「もの」に対してのみならず、④人に対してもこのような方法をできるだけ多く使うようになった。［B］、交通事故のときの保険などがそうである。何か事故がある度《たび》に、その関係のある者がすべてを話し合ってゆくとしたら、まったく大変である。そこで、ルールをつくり、専門の人間が代わりに話し合うことによって解決してゆく。【ウ】そのことによって、人間関係に伴う「わずらわしさ」から解放される。[C]、それに見合うだけのお金は支払わねばならない。【エ】つまり、人間関係のわずらわしさをお金で解決したのである。これで万事うまく行っているだろうか。人間関係のわずらわしさを解消した分だけ、われわれは人間関係の稀薄《きはく》さに悩んでいないだろうか。不登校の子どもをもった親で、「この子のために何かよい方法や施設があれば、お金はいくらでも出しますから」という人がある。お金は何でも解決できる「〔ⓐ〕」と思われている。しかし、お金をいくら積んでも子どもは登校しない。

西洋の場合は伝統的な個人主義※だから、その冷たさを埋める方法をボランティアなどと併《あわ》せて小さいころから勉強してゆくけれど、日本の個人主義は全くの利己主義※でしょう。【オ】困るのは、⑤若い人が自分たちは西洋的な生き方をしていると思い違いをしていることなんですね。親子の間の電話とか手紙の回数は、ヨーロッパの方が日本よりはるかに多いんです。彼らの個人主義の伝統が手紙や電話を必要とするわけで、個人主義で生きてきた者同士は、そういう方法でないとつながりようがない。日本人は、そんなことしないでも〝つながって〟きた伝統があるから、手紙や電話に頼らない。これから、日本的なつながりも切れるし、かといって電話もかけない、手紙も書かない、全く冷たい人が出てくる恐れがあるわけです。新しい〝つながり〟方をどうするか、大きい問題だと思います。

⑥日本と西洋の人間関係のあり方には違いがある。日本は「察し合う」のがベースだ。こうした関係はわずらわしい。[D]、わずらわしさを捨てると人間関係は稀薄になる。西洋人は他人の考えを聞き、自分の考えをはっきりという。こうした関係の中から真の友情が生まれる。日本人は定年後の付き合いは少ないが、西洋人は退職しても付き合いを続ける。ただ、西洋流だと、わずらわしさの代わりに寂しさを引き受けなければならない。

年を取れば、若いころと同じように生きていけない。体力も衰えるから、若いころと豊かさの意味が変わる。家族関係はもちろんのこと、どんな人間関係の中で生きるか、を考えなくてはならない。

（河合隼雄『「人生学」ことはじめ』より）

語注
※個人主義…ひとりひとりの人間の自由と独立を重んじる考え方
※利己主義…自分の幸福・利益・主張などを第一とする考え方

問一　[A]〜[D]にあてはまる語として最も適当なものを次のア〜エより選び、それぞれ記号で答えなさい（同じ記号は複数回使用してはならない）。

A [　　]　B [　　]　C [　　]　D [　　]

ア　ただし　イ　たとえば　ウ　つまり　エ　しかし

問二　――線部①「そこ」という指示語がさしている内容を本文中の語句を用いて二十字以内で答えなさい。

[　　　　　　　　　　]

問三　――線部②「科学的方法」の特徴（凄いところ）について、説明した次の文の空欄を補うのに最も適当な三字の語句を本文中より抜き出して、それぞれ答えなさい。

自分の取り扱う対象を［Ⅰ］な「もの」として観察し、操作するので、［Ⅱ］をもっていること。

Ⅰ［　　］　Ⅱ［　　］

問四　――線部③「端的」とはどういうことか。その説明として最も適当なものを次のア～エより選び、記号で答えなさい。［　］

ア　はなはだしくかたよった様子。

イ　はっきりと要点をとらえる様子。

ウ　遠回しで角が立たない表現。

エ　強調するため極端に述べる表現。

問五　――線部④「人に対してもこのような方法をできるだけ多く使うようになった」とあるがその結果どうなったのか、本文中の語句を用いて十五字以内で答えなさい。

［　　　　　　　　　　　　　　　］

問六　〔　ⓐ　〕に入る最も適当な言葉を、本文中より三字で抜き出して答えなさい。［　　　］

問七　――線部⑤「若い人が自分たちは西洋的な生き方をしていると思い違いをしている」とはどういうことか、最も適当なものを次のア～エより選び、記号で答えなさい。［　］

ア　ボランティアをしていることで、自分が近代的な自立を実現していると思ってしまうこと。

イ　自分の人生を思い通りに生きるためには、他人を利用することも必要だと考えていること。

ウ　一人の時間を大切にするあまり、他人と全く関わりを持たないで生きていこうとすること。

エ　個人の自由を大切にしているつもりで、わずらわしく思う家族や社会とのつながりを切ること。

問八　――線部⑥「日本と西洋の人間関係のあり方には違いがある」について、どういう違いがあるのか「～という違い。」に続く形で、本文中の語句を用いて四十字程度で答えなさい。

［　　　　　　　　　　　　　　　　　　　　　　　　　　　　　　　　　　　　］という違い。

問九　本文の内容と合致するものを次のア～エより一つ選び、記号で答えなさい。［　］

ア　われわれは西洋的な生き方をただまねるのではなく、「科学的方法」により合理的で理性的な生活を追い求めていくべきである。

イ　われわれは人間関係のわずらわしさをお金で解決してきたが、わずらわしさの代わりに寂しさを引き受けることになった。

ウ　われわれは便利に生きようとするだけではなく、どのように社会や他人とつながっていくべきなのかを考えなくてはいけない。

エ　われわれは年を取っていくにつれ、人間関係が稀薄にならないように手紙や電話でつながりを持ち続けて行く必要がある。

問十　本文中には次の部分が抜けている。この部分が入る最も適当な箇所を本文中の【ア】～【オ】より選び、記号で答えなさい。［　］

二十年も以前だと、団地に住んでいる人は団地内の清掃を分担したり当番をきめたり、そのために人間関係でゴタゴタしたものである。今では全員が公益費を払うことによって、そんなことは解決済み。

6　次の文章を読んで、後の問いに答えなさい。　（京都教大附高［改題］）

　進化の観点から見れば、人間が知識を渇望するのは不思議なことではない。周囲をより深く知ることで、生存の可能性が高まるからだ。天候の変化がライオンの行動にどう影響するのか。カモシカがいちばん注意散漫になる状況は？　それがわかれば狩りを成功させられる確率が増し、猛獣の餌食《えじき》になるのも避けられる。

　周囲の環境を理解するほど、生き延びられる可能性が高まる――その結果、自然は人間に、新しい情報を探そうとする本能を与えた。この本能の裏にある脳内物質は何だろうか。もうおわかりだろう。そう、ドーパミンだ。新しいことを学ぶと脳はドーパミンを放出する。それだけではない。ドーパミンのおかげで人間はもっと詳しく学びたいと思うのだ。

　脳は単に新しい情報だけを欲しいわけではない。新しい環境や出来事といったニュースも欲しがる。脳には新しいことだけに反応してドーパミンを産生する細胞があり、よく知るもの、たとえば「自分の家の前の道」といったものには反応しない。ところが、知らない顔のような新しいものを見ると、その細胞が一気に作動する。感情的になるようなものを見た場合も同じだ。

　新しい情報、例えば新しい環境を渇望するドーパミン産生細胞が存在する、ということは、新しい情報を得ると脳は報酬をもらえるわけだ。人間は新しいもの、未知のものを探しにいきたいという衝動がしっかり組み込まれた状態で生まれてくる。「新しい場所に行ってみたい」「新しい人に会ってみたい」「新しいことを体験してみたい」という欲求だ。私たちの(1)ソ先が生きたのは、食料や資源が常に不足していた世界である。この欲求が、新たな可能性を求めて移動するよう、人間を突き動かしてきたのだろう。

　数十万年分時間を巻き戻して、食べ物の入手という永遠の課題に挑んでいる女性が2人いるとしよう。片方には新しいもの――新しい場所や環境――を探したいという衝動があり、もう片方にはない。前者の方が食べ物を見つけられる可能性は高いだろう。移動すればするほど、食べものが見つかる確率は高くなるのだから。

　今度は、あなたや私が生きる時代まで早送りしてみよう。脳は基本的に昔と同じままで、新しいものへの欲求も残っている。しかし、それが単に新しい場所を見たいという以上の意味を持つようになった。それはパソコンやスマホが運んでくる、新しい知識や情報への欲求だ。パソコンやスマホのページをめくるごとに、脳がドーパミンを放出し、その結果、私たちはクリックが大好きになる。しかも実は、①今読んでいるページよりも次のページに夢中になっているのだ。インターネット上のページの5分の1に、私たちは時間にして4秒以下しか留まっていない。10分以上時間をかけるページは、わずか4%だ。

（中略）

　何かを学ぶ、つまり新しい記憶を作るとき、脳の細胞間の繋《つな》がりに変化が起きる。短期記憶――短時間だけ残る記憶――を作るには、脳は既存の細胞間の繋がりを強化するだけでいい。だが数カ月、数年、あるいは一生残るような長期記憶を作ろうとすると、プロセスが複雑になる。脳細胞間に新しい繋がりを作らなければいけないのだ。記憶を(2)イ持し長く保たれるようにするためには、新たなタンパク質を合成しなければいけない。

　だが、新しいタンパク質だけでは足りない。記憶の長期保存には、新しくできた繋がりを強化するために、そこを通る信号を何度も出さなければいけない。この作業は脳にとって大仕事な上に、エネルギーも必要になる。新しい長期記憶を作ること——専門用語では固定化と呼ぶのだが——は、脳が最もエネルギーを必要とする作業だ。これは私たちが眠っている間に行われるプロセスで、後でも見ていくが、人間が眠ることの大事な理由にもなってくる。

固定化がどのように行われるのか、もう少し詳しく見てみよう。私たちはまず「何か」に集中する。そうやって脳に「これは大事なことだ」と語りかける。エネルギーを費やす価値、つまり長期記憶を作る価値があるのだと。つまり、積極的にその「何か」に注目を向けなければ、②このプロセスは機能しないのだ。昨日、仕事から帰って鍵をどこに置いたのか思い出せない。その原因は、あなたが集中せずに別のことを考えていたからだ。脳は、これが大事だという信号を受け取らず、鍵を置いた場所を記憶しなかった。だから翌朝、あなたは家じゅう探し回ることになる。

③同じことが騒がしい部屋でテスト勉強するときにも言える。集中できないから脳は「これが大事」という信号をもらえないし、あなたは読んだ内容を覚えられない。これはつまり、記憶した情報は思い出すこともできなければいけないということだ。言った通り、記憶するためには、集中しなければいけない。そして次の段階で、情報を作業記憶に入れる。そこで初めて、脳は固定化によって長期記憶を作ることができる。ただし、インスタグラムやチャット、ツイート、メール、ニュース速報、フェイスブックを次々にチェックして、間断なく脳に印象を与え続けると、情報が記憶に変わるこのプロセスを妨げることになる。色々な形で邪魔が入るからだ。

絶えず新しい情報が【Ｘ】を出せば、脳は特定の情報に集中する時間がなくなる上に、限られた作業記憶がいっぱいになってしまう。テレビがついている中で勉強しようとして、おまけにスマホもいじっている。脳はあらゆる情報を処理することに力を注ぎ、新しい長期記憶を作ることができなくなる。だから読んだ内容を覚えられないのだ。

デジタルな娯楽の間を行ったり来たりするのは、情報を効率よく取り入れていると思いがちだ。だがそれはあくまで【Ｙ】的なもので、情報がしっかり頭に入るわけではない。それなのに続けてしまう「原動力」は、そうすることが好きだから。そう、④ドーパミンが放出されるからだ。

（アンデシュ・ハンセン著、久山葉子訳「スマホ脳」より）

問一　二重傍線部(1)・(2)のカタカナにあたる漢字一字を使って熟語となるものを次の中からそれぞれ一つずつ選び、記号で答えなさい。

(1)　ア　ソ品を進呈する。　イ　親戚とはソ遠になった。
ウ　素朴で簡ソな住まい。　エ　何事も基ソが大切だ。
オ　ソ国の土を踏む。

(2)　ア　この地域では繊イ工業が盛んだ。
イ　新たに開発した兵器のイ力を見せつける。
ウ　その後、事件はイ外な展開を見せた。
エ　軍隊の権限の全てをイ任することとなった。
オ　容イに解決できるような問題ではない。

(1)［　　］　(2)［　　］

問二　傍線部①「今読んでいるページよりも次のページに夢中になっている」とあるが、どのようなことを意味しているか。次の中から一つ選び、記号で答えなさい。［　　］

ア　自分の意思と実際の行動が一致していない。
イ　目にした情報への関心はすぐになくなってしまう。
ウ　新しい情報への欲求に突き動かされている。
エ　情報を処理するスピードを重視している。

オ　情報をその場しのぎでしか捉えていない。

問三　傍線部②「このプロセス」とあるが、具体的にはどのようなプロセスか。最も適切なものを次から一つ選び、記号で答えなさい。［　　］

ア　既存の細胞間の繋がりを強化しながら、新しいタンパク質を合成する。
イ　既存の細胞間の繋がりを別の繋がりに変化させ、新しい信号を出す。
ウ　脳細胞間にタンパク質を送るために、新たな繋がりを生み出す。
エ　脳細胞間に新しい繋がりを作り出し、そこを通る信号を繰り返し出す。
オ　「何か」に集中し、長期記憶を作る価値があるかどうか選択する。
カ　「これが大事だ」という信号を脳に送り、集中力を発揮する。

問四　傍線部③「同じこと」とあるが、どのようなことか。説明しなさい。

［　　］

問五　【X】・【Y】に入る最も適切な言葉を次からそれぞれ一つずつ選び、記号で答えなさい。　X［　　］　Y［　　］

X　ア　足　イ　腕　ウ　顔　エ　首　オ　腹
Y　ア　象徴　イ　表面　ウ　客観　エ　打算　オ　世間

問六　傍線部④「ドーパミンが放出される」とあるが、情報が頭に入るわけでもないのに、デジタルな娯楽の間を行ったり来たりするとドーパミンが放出されるようになったのはなぜか。本文の前半部分を参考にして、人間本来の性質をもとに説明しなさい。

［　　］

7　次の文章を読んで、後の問いに答えなさい。　（東大阪大敬愛高）

人間は、なぜ学ばなければならないのだろう。どうして大学に進学しなければならないのか。なぜ学校に通う必要があるのか――。ふと疑問に思い、aナヤんだことがあるに違いない。ナヤんでなさそうな人も、実はいつも頭の片隅で考えていたりする。

思えば、自分が望んだわけでもないのに義務教育だからと小学校に通い、中学校、高校へと進み、今は陰に陽に「さあ大学に行くのですよ」と言われる。大学に行くんだなあ、行くのかなあ。大学に行かないと生きていけないのかなあ、などと毎日ぼんやり思いながら、受験先を探している。私は大学教授であり研究者だから勉強も研究もする。それが私の職業でもある。つまり、もはや一人の人間として「勉強しなければならない理由」をあえて考えることはない。［A］、皆さんはそうではない。日々問い、考え、ナヤんでいることだろう。「①なぜ学ばなければならないのか？」――それに対して、私は教師であり専門とする研究分野があるから、そのb見地から答えることはできる。だがやめておこう。②一期一会、こうして皆さんの前に立った今、なぜかそうしたくはない。それに学ぶことの根拠そのものを教えることはできない。それは知識ではないからだ。その代わりに、大学の教師を長年③務めてきた一人の人間として、学ぶことの根拠について、皆さんの年齢でなければ意味のないことを伝えたい。それは皆さんが今、学ぶということに関して決定的な年頃だと思うからだ。学ぶことの根拠に直面しているのは、日々勉強や研究をしている私のような大人ではない。実は皆さんこそ、毎日生きている中で、学ぶことの根拠に日々cフれていると私は思う。学ぶとは、ただ勉強することではない。だから、難関校に合格することが学ぶ理由ではない。学びにはもっと広い意味がある。［B］、それは長い人生のうちで皆さんの年頃でしか直面できないような深い問題なのだ。そのことが心底納得できたならば、皆さんは、どの大学に進み、どのような分野を専攻しようがなんの問題もないはずだと私は確信している。

皆さんは毎朝、皆さんの学校までの道のりを歩いてくる。大抵は友達と一緒ににぎやかに歩いてくるのかもしれない。だが遅刻して一人で登校する日もあるだろう。「自分はなぜこの学校に通っているのだろう。どうして勉強しなければならないのだろう」なんて思いながら。立ち止まって振り返ると、遠くに拡がる緑豊かな風景が眼に入ってきたりする。青空が広がっていたり、鳥がのびのびと飛んでいたりする。耳を澄ませば、ｄ路傍の草むらから虫たちの声が聞こえてくるだろう。その光景の中で一人、皆さんはこんなふうに思ったかもしれない。

「世界があり、その中で僕は生きている。［イ］鳥は、だれにもｅ妨げられず自由に空を飛んでいる。［ロ］しかし自分は制服を身にまとい、学校へ向かわなければならない。［ハ］どうしてあの鳥のように、自由に生きられないのだろう」と。

自分と世界の関係が、鳥が空を飛んでいるようにはぴったりと感じられない。ほんのわずかな、しかし自分ではどうしようもないｆシュクメイ的なズレ。自分がこの世界にいるということがとても不思議な、ｇキミョウなことに思えてくるのだ。同時に強い［Ｃ］が押し寄せてくる。周りには家族も友達も、学校の先生たちもいるが、「自分一人でここに生きている」という感覚だ。知らないふりをしていてはいけない。よく思い出してほしい。感じた覚えがきっとあるはず。こうした感覚は大人になると失われてしまう。けれども実はこの感覚こそ、学ぶことの根拠にフれている証しであり、あらゆる未来の「種」を生み出す起点にほかならない。

鳥は、本当に自由なのだろうか。私はそうではないと思う。鳥はいわば空の中に閉じこめられている。魚も同様で、水の中に閉じこめられている。鳥は空を「空」とは呼ばず、魚も水を「水」と名づけることはない。人間がするようには自分の住む世界を対象として捉えることがないからだ。人間は言葉を用い、空を「空」と呼び、海を「海」と名づけた。いわば世界と自分をはっきりと分けて認識している。その意味で人間は、世界に閉じこめられてはいない。言い換えれば人間は、鳥や魚と同じような意味では「自然（＝世界）」の中に生きていない。おそらくこのことが、人間、とりわけ若い皆さんが世界と自分との間に④ズレを感じる理由だ。

重要なことは、このズレがあるからこそ、人間はほかの動物のように自足することができず、自分が生きる世界をｈ絶えずつくり替えていかなければならないということ。例えば、森を切り拓き、田畑をつくる。これこそ人間だけが持っている自由であり、人間が自由である証しなのだが、見方を変えれば、その自由に閉じこめられているともいえなくはない。人間は、自分が生きている世界と自分との間に越えがたいズレを感じながら、（孤独ではあるけれども）自由に、世界を学び、⑤世界を自分に合うようにつくり替える努力を積み重ねてきた。それが歴史ということ。私たちは今、その結果としての世界を生きているのだ。

しかし現代において、人間が行っている世界のつくり替えは、あまりにも高度で複雑だ。例えば、地下鉄を通したり、ジェット機を飛ばしたりしているが、そのために何が必要かを挙げてみればわかる。まず、言葉を知らなければならない。世界の仕組みを理解して記述するには、数学がなければならない。物理学も工学も欠かせない。いくつものことを積み重ねて、ようやくジェット機が一機、空を飛べる。

そうした数学や物理学、工学は、自然そのものではなく、人間が自然を学びながらつくり出した体系であるから、学ぶことには二段階あることになる。星の運行から暦をつくり、めぐる季節の知識を生かした耕作や狩猟を行うなど、自然を学ぶことが第一段階だとすれば、自然を学んだ人間がつくり出したものを学ぶことが第二段階だ。現代を生きる我々には、この「二重の学び」がシュクメイづけられており、この第二段階のために特に必要とされているのが［D］ということになる。

（小林康夫「学ぶことの根拠」（「何のために『学ぶ』のか」所収）より）

問一　――部a～hのカタカナは漢字に、漢字はひらがなに直しなさい。

a ［　］んだ　b ［　］　c ［　］れて
d ［　］　e ［　］げられず　f ［　］
g ［　］　h ［　］えず

問二　［A］［B］に入る適切な語句を、それぞれ次から選び記号で答えなさい。

ア　そして　イ　それとも
ウ　例えば　エ　でも

A ［　］　B ［　］

問三　――部①「なぜ学ばなければならないのか」とあるが、これを言い換えた部分を問題文より七字で抜き出しなさい。また、これについて説明した次の文の［Ⅰ］［Ⅱ］［Ⅲ］に当てはまる適切な語句を、問題文よりそれぞれ漢字二字で抜き出して答えなさい。

［　］

Ⅰ ［　］　Ⅱ ［　］　Ⅲ ［　］

なぜ学ばなければならないのか。それ自体は［Ⅰ］ではないので、教えられるものではない。それは、筆者のような［Ⅱ］ではなく、若者の［Ⅲ］の生活の中にあるものである。

問四　――部②「一期一会」の読みを答えなさい。また、正しい意味を次から一つ選び記号で答えなさい。

読み ［　］　意味 ［　］

ア　一生に一度しかない出会い。一生に一度かぎりであること。
イ　一日が非常に長く感じられること。待ち焦がれる気持ちが著しく強いこと。
ウ　心も体も一つの人間であるかのように、強い絆を持っていること。
エ　物事の善悪や結果のよしあしに関係なく、最後まで行動、運命を共にすること。

問五　――部③「務めてきた」と同じ漢字を含むものを、次から一つ選び記号で答えなさい。

ア　解決にツトめる　イ　銀行にツトめる
ウ　司会をツトめる　エ　勉強にツトめる

［　］

問六　次の『　』で囲われた一文は問題文より抜き出したものである。元の位置として正しいものを、問題文の［イ］［ロ］［ハ］より一つ選び記号で答えなさい。

『けれども、あの鳥と僕はどこか違う。』

［　］

問七　［C］に入る適切な語句を、次から一つ選び記号で答えなさい。

ア　一体感　イ　開放感
ウ　既視感　エ　孤独感

［　］

問八　――部④「ズレを感じる理由」である、人間の世界の捉え方とはどのようなものか。それを説明している一文を問題文より抜き出して、初めと終わりの三字で答えなさい。（句読点含む）

［　］～［　］

問九　――部⑤「世界を自分に合うようにつくり替える」とあるが、このような行いは人間にとってどのようなものであると筆者は考えているか。問題文より十字で抜き出して答えなさい。

問十　D に入る適切な語句を、問題文より漢字二字で抜き出しなさい。

問十一　この文章の説明として適切なものを、次から一つ選び記号で答えなさい。

ア　長い人生の中で、「勉強しなければならない理由」を考えることは一生の問題である。

イ　世界と自分の間に感じられる越えがたいズレに、将来、花開く「種」が詰まっている。

ウ　世界をつくり替えることで、世界の中で生きていることに対する違和感を解消できる。

エ　自然を学ぶことではなく、人間がつくり出した学問を学ぶことが「二重の学び」である。

8　次の文章を読んで、後の問いに答えなさい。（清教学園高）

一　僕らはいつしか、もので溢《あふ》れる日本というものを、度を超えて許容してしまったかもしれない。世界第二位であったGDPを、目に見えない誇りとして頭の中に装着してしまった結果か、あるいは、戦後の物資のa乏しい時代に経験したものへの渇望がどこかで幸福を測る感覚の目盛りを狂わせてしまったのかもしれない。秋葉原にしてもブランドショップにしても、過剰なる製品供給の情景は、ものへの切実な渇望をひとたび経験した目で見るならば、確かに頼もしい勢いに見えるだろう。だからいつの間にか日本人はものを過剰に買い込み、その異常なる量に鈍感になってしまった。

二　しかし、そろそろ僕らはものを捨てなくてはいけない。捨てることのみを「もったいない」と考えてはいけない。捨てられるものの風情に感情移入して「もったいない」と感じる心持ちにはもちろん共感できる。しかし膨大な無駄を排出した結果の、廃棄の局面でのみ機能させるのだとしたら、その「もったいない」はやや鈍感に過ぎるかもしれない。廃棄する時では遅いのだ。もしそういう心情を働かせるなら、まずは何かを大量に生産する時に感じた方がいいし、さもなければそれを購入する時に考えた方がいい。もったいないのは、捨てることではなく、廃棄を運命づけられたbフモウなる生産が意図され、次々と実行に移されることではないか。

三　だから大量生産という状況についてもう少し批評的になった方がいい。無闇に生産量を誇ってはいけないのだ。大量生産・大量消費を加速させてきたのは、企業のエゴイスティックな成長意欲だけではない。所有の果てを想像できない消費者のイマジネーションの脆弱《ぜいじゃく》さも①それに加担している。ものは売れてもいいが、それは世界を心地よくしていくことが前提であり、人はそのためにものを欲するのが自然である。さして必要でもないものを溜め込むことは決して快適ではないし心地よくもない。

四　良質な旅館に泊まると、感受性の感度が数ランク上がったように感じる。それは空間への気配りが行き届いているために安心して身も心も解放できるからである。しつらいや調度《ちょうど》の基本はものを少なく配することである。何もない簡素な空間にあってこそ、畳の目の織りなす面の美しさに目が向き、壁の漆喰《しっくい》の風情にそそられる。床に活けられた花や花器に目が向き、料理が盛りつけられた器の美しさを堪能できる。そして庭に満ちている自然に素直に意識が開いていくのである。ホテルにしても同様。簡潔に極まった環境であるからこそ一枚のタオルの素材に気を通わせることができ、バスローブの柔らかさを楽しむ肌の c 繊細さが呼び起こされてくるのである。

五　これは一般の住まいにも当てはまる。現在の住まいにあるものを最小限に絞って、不要なものを処分しきれば、住空間は確実に快適になる。試しに夥《おびただ》しい物品のほとんどを取り除いてみればいい。おそらくは予想外に美しい空間が出現するはずだ。

六　無駄なものを捨てて暮らしを簡潔にするということは、家具や調度、生活用具を味わうための背景をつくるということである。芸術作品でなくとも、あらゆる道具には d ソウオウの美しさがある。何の変哲もないグラスでも、しかるべき氷を入れてウイスキーを注げば、めくるめく琥珀色《こはくいろ》がそこに現れる。霜の付いたグラスを優雅な紙敷の上にぴしりと置ける片付いたテーブルがひとつあれば、グラスは途端に魅力を増す。逆に、漆器《しっき》が艶《あで》やかな漆黒をたたえて、陰影を礼賛する準備ができていたとしても、リモコンが散乱していたり、ものが溢れかえっているダイニングではその風情を味わうことは難しい。

七　②白木のカウンターに敷かれた一枚の白い紙や、漆の盆の上にことりと置かれた青磁《せいじ》の小鉢、塗り椀の蓋を開けた瞬間に香りたつ出し汁のにおいに、ああこの国に生まれてよかったと思う*刹那《せつな》がある。そんな高踏《こうとう》な緊張など日々の暮らしに持ち込みたくはないと言われるかもしれない。緊張ではなくゆるみや開放感こそ、心地よさに繋《つな》がるのだという考え方も当然あるだろう。家は休息の場でもあるのだ。［ 1 ］、だらしなさへの無制限の許容がリラクゼーションにつながるという考えは、ある種の堕落をはらんではいまいか。ものを用いる時に、そこに潜在する美を発揮させられる空間や背景がわずかにあるだけで、暮らしの喜びは必ず生まれてくる。そこに人は充足を実感してきたはずである。

八　伝統的な工芸品を活性化するために、様々な試みが講じられている。［ 2 ］、現在の生活様式にあったデザインの導入であるとか、新しい用い方の提案とかである。自分もそんな活動に加わったこともある。そういう時に痛切に思うのは、漆器にしても陶磁器にしても、問題の本質はいかに魅力的なものを生み出すかではなく、それらを魅力的に味わう暮らしをいかに再興できるかである。漆器が売れないのは漆器の人気が失われたためではない。今日でも素晴らしい漆器を見れば人々は感動する。しかし、［ X ］のである。

九　伝統工芸品に限らず、現代のプロダクツも同様である。豪華さや所有の多寡《たか》ではなく、利用の深度が大事なのだ。よりよく使い込む場所がないと、ものは成就しないし、ものに託された暮らしの豊かさも成就しない。［ 3 ］僕たちは今、未来に向けて住まいのかたちを変えていかなくてはならない。育つものはかたちを変える。「家」も同様である。

十　ものを捨てるのはその一歩である。「もったいない」をより前向きに発展させる意味で「捨てる」のである。

（原　研哉「日本のデザイン―美意識がつくる未来」より）

＊注　刹那……瞬間。

問一　――線部a～dのカタカナを漢字に、漢字をひらがなに直しなさい。

a［　　］しい　b［　　］　c［　　］　d［　　］

問二　1～3に入る語として最も適当なものをそれぞれ次から選び、記号で答えなさい。　1［　］　2［　］　3［　］

ア　しかし　イ　たとえば　ウ　だから　エ　結局

問三　――線部①「それ」の内容を答えなさい。［　　　　］

問四　――線部②「白木のカウンター……よかったと思う」とありますが、この部分はどういうことを表したいために用いられていますか。最も適当なものを次から選び、記号で答えなさい。［　］

ア　昔ながらの道具を慎ましく使う姿勢にこそ、暮らしを豊かにする要素が有るということ。

イ　「白」や「青」という色彩豊かな道具を配置することにこそ、暮らしを豊かにする要素があるということ。

ウ　相性の良い道具の組み合わせをデザインすることにこそ、暮らしを豊かにする要素があるということ。

エ　道具を使うときの空間に対する気配りにこそ、暮らしを豊かにする要素があるということ。

問五　X にあてはまる文として最も適当なものを次から選び、記号で答えなさい。［　］

ア　それを味わい楽しむ暮らしの余白がどんどんと失われている

イ　所有の喜びを味わえるほど、多くの漆器を持っている人間が少なくなっている

ウ　その真価を味わうのに必要な能力が人々から失われている

エ　視覚的な特徴を味わえるほどの豪華絢爛《けんらん》さをもった漆器が少なくなっている

問六　＝＝線部「そろそろ僕らはものを捨てなくてはいけない」とありますが、それはなぜですか。本文全体を踏まえ、「ものを捨てることで、」に続けて五十字以内で説明しなさい。

ものを捨てることで、［　　　　］

問七　本文の構造について述べているものとして、最も適当なものを次から選び、記号で答えなさい。［　］

ア　一段落と四段落は、それぞれ二段落と三段落の具体的内容を述べた段落である。

イ　四段落を更に具体的な内容で表したのが五段落である。

ウ　六段落と七段落には具体的な内容とまとめられた内容がそれぞれ述べられている。

エ　八段落と九段落は対比の内容で構成されており、それを十段落でまとめている。

2．古　典

出題率 84.6%

●ジャンル別出題率

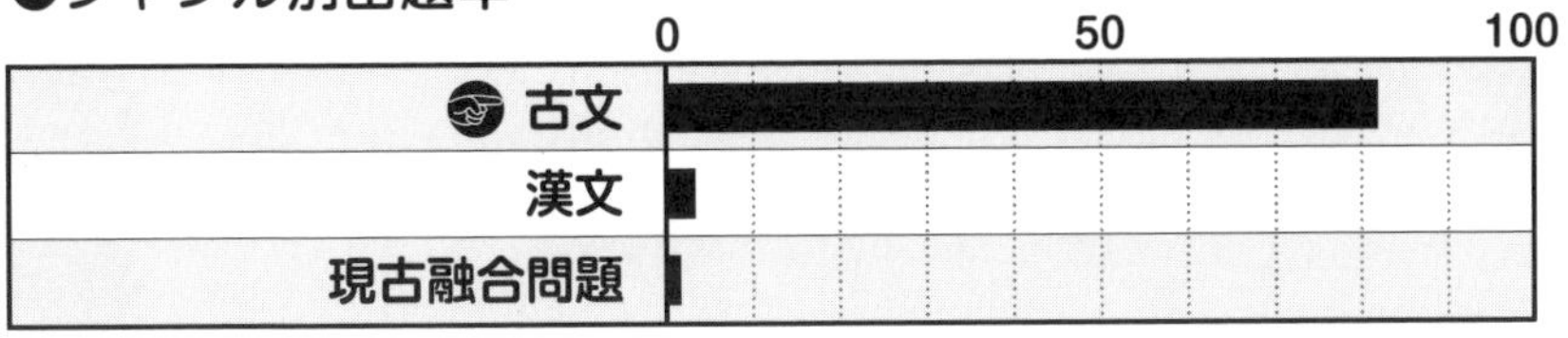

●設問内容別出題率

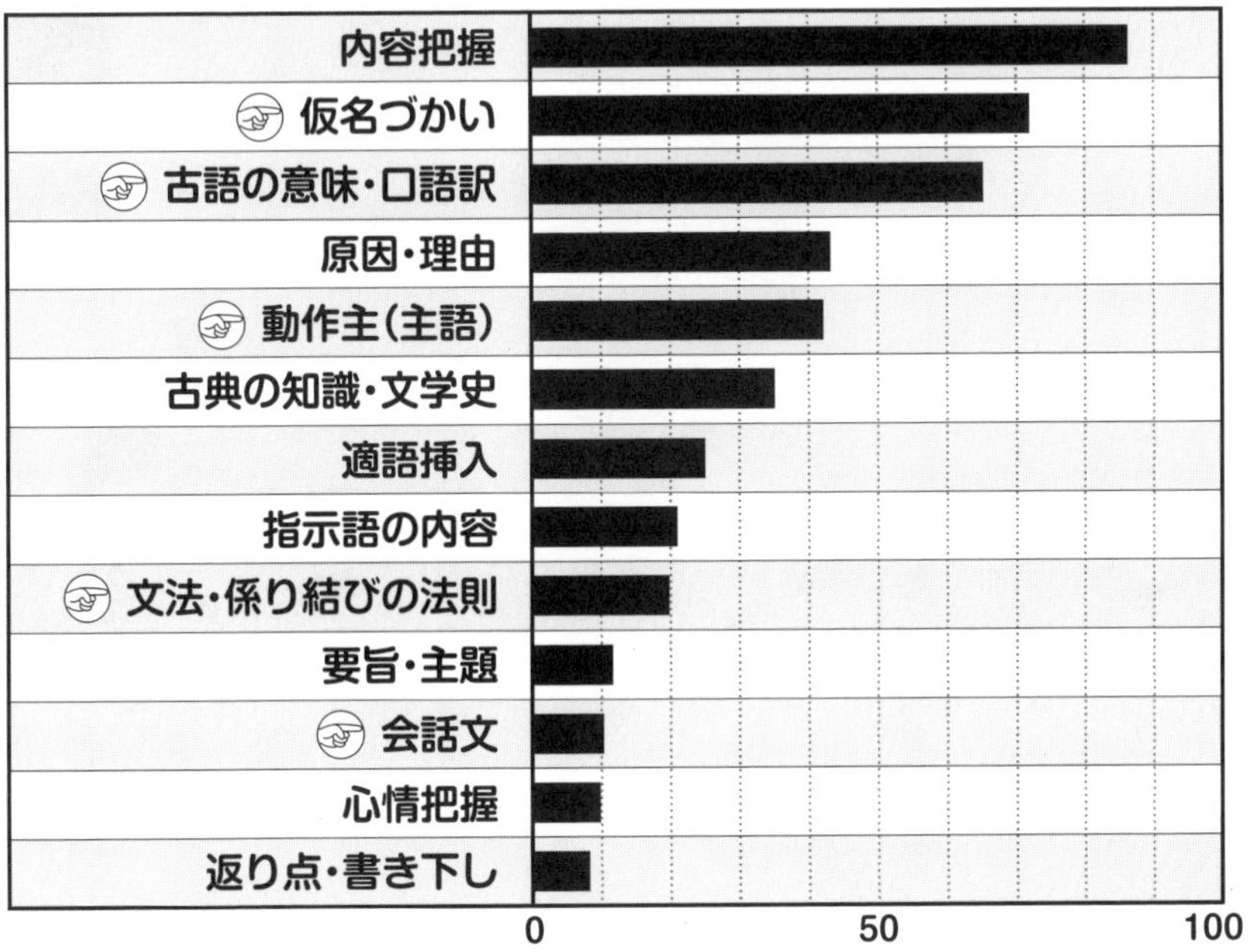

＝本書の収録ジャンル

＝例題の収録内容

編集メモ

「古文」は 8 割ほどの試験で出題されているので，しっかり取り組もう。得点に結びつきやすいので，基本的な単語の意味や文法事項などはマスターしておくこと。

また「古文」の読解では，その話の内容を知っていると断然有利になる。本書では，「宇治拾遺物語」「徒然草」「十訓抄」「古今著聞集」「沙石集」など，特によく出題される説話や随筆をもとにした問題を載せているので，問題を解いた後で口語訳をじっくりと読み，どんな話なのか理解を深めておくことをお勧めする。

2 古典

ニューウイング出題率 84.6%

【例題一】　次の文章を読んで、後の問いに答えなさい。（明浄学院高［改題］）

昔、大和国立田村にむくつけき女ありて（恐ろしい女がいて）、*まま子の咽《のど》を十日程ほしてより（まま子に十日ほども食物を与えないでいてから）、飯を一椀《ひとわん》見せびらかして①いふやう（話すと）、「是《これ》をあの石地蔵のたべたらんには（もしも食べたら）、②汝《なんぢ》にもとらせん（おまえにも食べさせてやろう）」とあるに、まま子はひだるさ②たへがたく（ひもじさにがまんしきれなくて）、石仏の袖《そで》にすがりて、しかじか④ねがひけるに（願ったところ）、ふしぎやな、石仏、大口明《あ》けてむしむし喰《く》ひ給ふに（むしゃむしゃとお食べになったので）、さすがのまま母の角もぽつきり折れて、それより我《わが》うめる子とへだてなく*はごくみけるとなん（隔てなく養育するようになったという事である）。其《その》地蔵ぼさち（地蔵菩薩）(ぼさつ)今にありて、折々の供物たえざりけり（絶えないということである）。

ぼた餅《もち》や藪《やぶ》の仏も春の風　　一茶

（小林一茶「おらが春」より）

（注）まま子……親子の血のつながりのない、実子でない子。
はごくみ……「はぐくみ」に同じ。

▲口語訳▼は別冊解答解説9ページ

問い　傍線部①～④の語句を現代かなづかいに直し、ひらがなで答えなさい。

仮名づかい

● 基本的なきまりは頭に入れておく。

【現代仮名づかいに直すときのきまり】	例
❶ 語頭以外の「は・ひ・ふ・へ・ほ」→「わ・い・う・え・お」（助詞の「は・へ」を除く）	あはれ→あわれ つひに→ついに 思ふ→思う たとへ→たとえ いほり→いおり
❷ 「ゐ・ゑ・を」→「い・え・お」（助詞の「を」を除く）	率ゐる→率いる こゑ→こえ をとこ→おとこ
❸ 「ぢ・づ」→「じ・ず」	はぢ→はじ わづか→わずか
❹ 二重母音の発音が「au」→「ô」 「iu」→「yû」 「eu」→「yô」	まうす→もうす せんりう→せんりゅう てうし→ちょうし

△解説▽①　❶・❹　語頭以外の「ふ」は「う」にする。さらに、「au」は「ô」と発音するので、「やう」は「よう」にする。
②　❸　「ぢ」は「じ」にする。
③　❶　語頭以外の「へ」は「え」にする。
④　❶　語頭以外の「ひ」は「い」にする。

答　①いうよう　②なんじ　③たえがたく　④ねがい

【例題二】

次の文章を読んで、後の問いに答えなさい。

（神戸弘陵学園高［改題］）

昔、元正天皇[*1]の御時、美濃[*2]の国にまづしく①賤《いや》しき男ありけり。老いたる父を持ちたりけるを、この男、山の木草をとりて、そのあたひを得て父を養ひけり。この父、朝夕あながちに酒を愛でほしがりければ、なりびさこ[*3]といふ物を腰につけて、さけ売る家にのぞみて、常にこれをこひて父をやしなふ。或る時、山に入りて薪《たきぎ》をとらんとするに、苔《こけ》ふかき石にすべりて、うつぶしにまろびたりけるに、酒の香のしければ、思はずに②あやしくて、そのあたりを見るに、石の中より水ながれ出づる所あり。その色酒に似たりければ、汲みてなむるに、③めでたき酒なり。うれしく覚えて、その後日々にこれを汲《く》みて飽くまで父をやしなふ。

時に御門、この事を聞しめして、霊亀三年九月日、その所へ行幸ありて、叡覧《えいらん》[*4]ありけり。これ則ち至孝[*5]のゆゑに、天神地祇《てんじんちぎ》あはれみて、その徳をあらはすと感ぜさせ給ひて、美濃の守になされにけり。家ゆたかになりて、いよいよ孝養の心ふかかりけり。その酒のいづる所を養老の滝と名づけられけり。これによりて、同じき十一月に、年号[*6]を養老と改められけるとぞ。

（「古今著聞集」巻第八より）

＊1　元正天皇……天武天皇の孫。（六八〇～七四八）。名は氷高。
＊2　美濃の国……岐阜県南部一帯の地。
＊3　なりびさこ……ひょうたんのこと。
＊4　叡覧……天皇や上皇がご覧になること。
＊5　至孝……この上ない孝養ぶり。
＊6　年号……七一七年十一月十七日に改元があった。

▲口語訳▼は別冊解答解説9ページ

問い　――線部①～③の本文中での意味を、次のア～エからそれぞれ一つずつ選び、記号で答えなさい。

①　ア　取るに足りない　イ　けちだ　ウ　身分が低い　エ　心が汚い
②　ア　不思議だ　イ　不審だ　ウ　不都合だ　エ　異様だ
③　ア　うれしい　イ　むずかしい　ウ　すばらしい　エ　めずらしい

古語の意味・口語訳

❶ **現代とは違う意味を持つ語**に注意する。
㊕　あはれ（しみじみと趣深い）
いとほし（気の毒だ、かわいそうだ）
ののしる（大声で騒ぐ、世の評判になる）
をかし（趣深い、風情がある）
❷ **呼応の表現**などは覚えておくと意味が取りやすい。
㊕　え～打ち消し（～できない）
つゆ～打ち消し（少しも～ない）
❸ わかりにくい場合は文脈から推測する。

△解説▽①　❶「男」は、酒好きの「父」を養っているので、「けちだ」「心が汚い」といった性分ではないことから考える。
②　❸「山」の中で、「酒の香」がしたところから考える。
③　❶・❸　男が酒に似たものを「なむる」、つまりなめた後に「うれしく」思っていることから考える。

答　①ウ　②ア　③ウ

【例題三】 次の文章を読んで、後の問いに答えなさい。（句読点や記号なども文字数に含みます。）

（追手門学院高［改題］）

※筑紫に、なにがしの※押領使《あふりやうし》などいふやうなる者のありけるが、土大根を万《よろづ》にいみじき薬とて、朝ごとに二つづつ焼きて食ひける事、年久しくなりぬ。ある時、館の内に人もなかりける隙《ひま》をはかりて、敵襲ひ来たりて囲み攻めけるに、館のうちに兵二人出《い》で来て、命を惜しまず戦ひて、皆追ひ返してげり。いと不思議に覚えて、日ごろここにもの※し給ふとも見ぬ人々の、かく戦ひし給ふは、いかなる人ぞと問ひければ、「年ごろた※のみて、朝な朝な召しつる土大根らにさうらふ」といひて失せにけり。

深く信を致しぬれば、かかる徳もありけるにこそ。

（兼好法師「徒然草」より）

※「筑紫」……現在の福岡県のあたり。
※「押領使」……地方に置かれた官職。
※「ものし給ふ」……いらっしゃる。
※「たのみて」……頼りにして。

▲口語訳▼は別冊解答解説9ページ

問一 傍線部の後に省略されている語として適当なものを次から選び、記号で答えなさい。

ア　あら　　イ　あり　　ウ　ある　　エ　あれ

係り結びの法則

● 係りの助詞と結びの語の活用形をあわせて覚えておく。

【係りの助詞（係助詞）】	【結び】	【意味】
ぞ・なむ	連体形	強意
や・か	連体形	反語・疑問
こそ	已然形	強意

△解説▽「こそ」は係助詞で、ここでは結びの言葉が省略されている。「こそ」は已然形の結びを伴う。

答 エ

問二 文中で登場人物の発言にかぎかっこ（「　」）を付けていない部分があります。その部分の初めと終わりの三字を抜き出しなさい。

会話文

❶ 会話文の終わりは**「…と」の前まで**であることが多い。
❷ 主に会話は**「…言ふに」「…言ふやう」「…言はく」などの後から始まる**ことに注目する。

△解説▽❶ 引用を表す助詞「と」や発言を表す言葉を含んだ、「と問ひければ」に着目する。

答 日ごろ～る人ぞ

【例題四】 次の文章を読んで、後の問いに答えなさい。

（京都精華学園高［改題］）

※堀河院aの御時、勘解由次官明宗《かげゆのすけあきむね》とて、いみじき笛吹きありけり。ゆゆしき心おくれの人なり。院、笛聞こしめされむとて、※召したりける時、帝bの御前と1思ふに、臆《おく》して、※わななきて、え吹かざりけり。

本意《ほい》なしとて、相知れりける女房※に仰せられて、「私《わたくし》に坪の辺《ほと》りに呼びて、吹かせよ。われ、立ち聞かむ」と仰せありければ、月cの夜、かたらひ2契りて、吹かせけり。「女房の聞く」と思ふに、はばかるかたなくて思ふさまに吹きける。世にたぐひなく、めでたかりけり。

帝、感に堪へさせ給はず、「日ごろ、上手とは聞こしめしつれども、かくほどまでは思しめさず。いとどこそめでたけれ」と3仰せ出されたるに、「さは、帝dの聞こしめしけるよ」と、たちまちに臆して、さわぎけるほどに、縁より落ちにけり。「安楽塩《あんらくえん》」といふ異名を付きにけり。

（「十訓抄」より）

※堀河院……平安時代後期の天皇。本文中の「院」・「帝」も同じ人物を指す。
※聞こしめされむとて……お聞きになりたいと思って。
※召したりける時……お呼びになった時。
※わななきて、え吹かざりけり……震えてまったく吹くことができなかった。
※女房……天皇や皇后に仕える女官。

▲口語訳▼は別冊解答解説9ページ

問一 〰〰部a～dの「の」の中で働きの異なるものを一つ選び、記号で答えなさい。

文法（「の」の識別）

● 入試問題での出題が特に多い**「の」の識別**をチェック。
・**主語**を示す（「～が」と置き換えられる）
・**連体修飾**（「～の」のまま訳せる）
・**同格**（「～で」と訳せる）
・他に「～もの」と訳すもの、比喩を示すものがある。

△解説▽ dは、「が」に置き換えられる。他は、連体修飾語を作る。

答 d

問二 ――部1～3の主語として最もふさわしいものを次の中から選び、それぞれ記号で答えなさい。

ア 堀河院　イ 明宗　ウ 女房

動作主（主語）

❶ 文中の**登場人物**を把握する。
❷ **動作・発言などのつながり**から、順を追ってどの人物の行動かを判断する。
❸ **敬語表現**に気をつけるととらえやすい場合がある。
例 尊敬…給ふ、おはす　謙譲…参る、申す

△解説▽
1 ❷「帝の御前」と気後れしている人物。
2 ❷「吹かせけり」と続くので、明宗と約束した人物。
3 ❸ 尊敬語「仰せ」に注目。笛の音に感動した人物。

答 1、イ　2、ウ　3、ア

◆◆◆演習問題◆◆◆

（注）特に指示がない限り、句読点や記号も字数に含むものとする。

1 次の文章を読んで、後の問いに答えなさい。　（東海大付大阪仰星高）

これも今は昔、田舎の児の比叡の山へ登りたりけるが、桜の①めでたく咲きたりけるに、風のはげしく吹きけるを見て、この児さめざめと②泣きけるを③見て、僧の(a)やはら寄りて、「などかうは泣かせ給ふぞ（なぜこのように）。この花の散るを惜しうおぼえさせ給ふか。桜ははかなきものにて、かく程なく④うつろひ候ふ(b)なり。されども、さのみ⑤ぞ候ふ（ただそれだけのことです）」と慰めければ、「桜の(c)散らむはあながちにいかがせん（どうするわけにもいきません）、苦しから(d)ず。わが父の作りたる麦の花の散りて、実の入らざらん思ふがわびしき」といひて、さくりあげて、よよと泣きければ、⑥うたてしやな。

（「宇治拾遺物語」第十三話、巻一ノ一三より）

問一　二重傍線部(a)「やはら」、(c)「散らむ」を現代仮名づかいに直して全てひらがなで書きなさい。　(a)［　　］　(c)［　　］

問二　二重傍線部(b)「なり」、(d)「ず」の助動詞の意味を次の中からそれぞれ選び、記号で答えなさい。　(b)［　　］　(d)［　　］

ア　過去　イ　打消　ウ　尊敬　エ　断定　オ　完了

問三　傍線部①「めでたく」・④「うつろひ」の口語訳として適当なものを次の中からそれぞれ選び、記号で答えなさい。

①　めでたく　［　　］

ア　めったにない　イ　新鮮だ　ウ　見事に

エ　めでたい　オ　並々でない

④　うつろひ　［　　］

ア　変わろうとする　イ　色が変わる　ウ　散る

エ　染まる　オ　心が変わる

問四　傍線部②「泣きける」、③「見て」の動作の主体を本文から抜き出しなさい。　②［　　］　③［　　］

問五　傍線部⑤に使われている文法上のきまりは何か、答えなさい。　［　　］

問六　傍線部⑥「うたてしやな」は作者の心情を表現したものである。適当なものを次の中から一つ選び、記号で答えなさい。　［　　］

ア　嬉しかった　イ　恥ずかしかった　ウ　悲しかった

エ　がっかりした　オ　ほのぼのとした

問七　次の文は本文の内容をまとめたものである。文脈に合うように空欄ア・イを答えなさい。

僧は、児が泣いているのは桜が散るのを見て［ア］からだろうと思って慰めたが、実はこの児は田舎の父が作る麦の花がこの風で散ってしまって［イ］と、現実的なことを考えて泣いているのであった。

ア［　　］　イ［　　］

問八　「宇治拾遺物語」は鎌倉時代の作品である。次の中から鎌倉時代に成立した作品を選び、記号で答えなさい。　［　　］

ア　古事記　イ　源氏物語　ウ　平家物語

エ　竹取物語　オ　奥の細道

2 次の文章をよく読んで、後の問いに答えなさい。（常翔啓光学園高）

今は昔、天文博士《てんもんはかせ》安倍晴明《あべのせいめい》といふ陰陽師《おんやうじ》ありけり。古《いにしへ》にも恥ぢず、ｉやむごとなかりける者なり。幼《えう》の時、賀茂忠行《かものただゆき》といひける陰陽師に随《したが》ひて、昼夜に①この道を習ひけるに、いささかも心もとなきことなかりける。

然るに、晴明若かりける時、師の忠行が下渡り※に夜歩きに行きける供に、②歩《かち》にして車の後ろに行きける。忠行、車の内にしてよく寝入りにけるに、晴明見けるに、③えもいはず恐ろしき鬼ども、車の前にⅱ向かひて来けり。

晴明これを見て驚きて、車の後ろに走り寄りて、忠行を起こして告げければ、その時にぞ忠行驚き覚めて鬼の来たるを見て、術法をもつて忽《たちま》ちに我が身をも恐れなく、供の者どもをも隠し、④平らかに過ぎにける。

その後、忠行、晴明を去り難く思ひて、この道を教ふること瓶の水を移すがごとし。されば終《つひ》に晴明、この道につきて公私に使はれて、いとやむごとなかりけり。

（「今昔物語集」より）

※ 下渡り……現在の京都市下京区の辺り

問一 傍線部ｉ、ⅱの読みを現代仮名遣いに直し、ひらがなで答えなさい。

ｉ［　　］ ⅱ［　　］

問二 傍線部①とは何の道か。「…道」に続く形で、本文中から二字で抜き出しなさい。

［　　］道

問三 傍線部②の主語として最も適切なものを次から選び、記号で答えなさい。［　　］

ア 晴明　イ 忠行　ウ 鬼
エ 供の者　オ 作者

問四 傍線部③の現代語訳として最も適切なものを次から選び、記号で答えなさい。［　　］

ア あっと驚くほど恐ろしい鬼たちが
イ 何とも言いようもないほど恐ろしい鬼たちが
ウ 何もしゃべらない恐ろしい鬼たちが
エ 何とも言いようもないほど恐ろしく鬼に化けた者たちが
オ 忠行の護衛のために恐ろしい鬼の姿に化けた供の者たちが

問五 傍線部④はどういうことか。最も適切なものを次から選び、記号で答えなさい。［　　］

ア 晴明が術を使って鬼たちを隠してしまったことで、何事もなく済んだということ。
イ 鬼たちが忠行や晴明に気付きながらもそのまま通り過ぎて行ったということ。
ウ 忠行が鬼たちに恐れることなく立ち向かい、鬼たちを退治してしまったということ。
エ 忠行や晴明が姿を隠して鬼たちに気付かれることなくその場を通り過ぎたということ。
オ 鬼たちが忠行や晴明の存在に気付き恐れをなして、姿を隠してしまったということ。

問六 この作品は平安時代に成立したとされる『今昔物語集』である。同じ時代に成立した作品を次から選び、記号で答えなさい。［　　］

ア 『平家物語』　イ 『徒然草』　ウ 『奥の細道』
エ 『万葉集』　オ 『枕草子』

3 次の文章を読んで、後の問いに答えなさい。（奈良県）

九月二十日あまりのほど、初瀬《はせ》に①まうでて、いとはかなき家にとまりたりしに、いとくるしくて、ただ②寝に寝入りぬ。

夜ふけて、月の窓より洩《も》りたりしに、人の臥《ふ》したりしどもが衣《きぬ》の上に、③白うてうつりなどしたりしこそ、いみじうあはれとおぼえしか。さやうなるをりぞ、人歌よむかし。

（「枕草子」より）

（注）初瀬＝初瀬にある長谷寺《はせでら》
はかなき家＝粗末な家
くるしくて＝疲れて

問一 ――線①を現代仮名遣いに直して書きなさい。

問二 ――線②の意味として最も適切なものを、次のア～エから一つ選び、その記号を書きなさい。

ア 少しだけ寝てしまった　イ はやばやと寝てしまった
ウ ぐっすりと寝てしまった　エ うっかり寝てしまった

問三 ――線③とあるが、「白く映っていた」ものは何か。それを説明した次の文の（　）に当てはまる言葉を書きなさい。

窓から洩れてきた（　）

問四 この文章中で筆者は、どのようなときに人は歌をよむものだと述べているか。最も適切なものを、次のア～エから一つ選び、その記号を書きなさい。

ア 何とも言えないなつかしさを覚えたとき
イ どうしようもない悲しみに沈んだとき
ウ 人のことをとても気の毒に思ったとき
エ たいそうしみじみとした趣を感じたとき

---

4 次の文章を読んで、後の問いに答えなさい。（橿原学院高）

1漢朝《かんてう》に、注1北叟《ほくそう》と云《い》ふA俗ありけり。事にふれて憂《うれ》へ悦《よろこ》ぶ事なし。ある時、ただ一疋《いっぴき》持ちたる馬、2いづちともなく失せぬ。隣りの人、訪《とぶら》ひければ、「いさ悦ぶべき事にて（Ｘ）侍《はべ》るらむ。3歎くべき事にてか侍らむ」とぞ4云ひける。

さるほどに両三日《りやうさんにち》ありて、天下に有り難《がた》きほどのB駿馬、具《ぐ》して来《きた》る。人また来りて、「御歎きと思ひたれば、御悦びにこそ」と云へば、また、「此《これ》も歎くべき事にてか侍るらむ、悦ぶべき事にてか侍るらむ」とて悦ばず。

最愛の子、この馬に乗りて遊ぶほどに、落ちて臂《ひぢ》を打ち折る。人また訪ひて、「この御馬《おんうま》の出来《いでき》る事を、御悦びと思ひたれば、御歎きにこそ」と云へば、また、「5此も悦ぶべき事にてか侍るらん」とて、歎かざるほどに、天下に大乱起こりて、武士多く向ひて滅びけるに、この子、かたはによりて6命を全くす。

（「沙石集」より）

注1 北叟…北方の年老いた男性の名前。

問一 ――線部1「漢朝」とは現在のどの国に相当するか。最も適当なものを次のア～オの中から一つ選び、記号で答えなさい。

ア インド　イ 中国　ウ イギリス
エ 韓国　オ モンゴル

問二 ～～線部A「俗」、B「駿馬」の本文中での意味として最も適当なものを、それぞれ次のア～オの中から一つずつ選び、記号で答えなさい。

A「俗」
ア 僧　イ 一般人　ウ 貴族　エ 武士　オ 知識人

B「駿馬」

ア　食欲旺盛な馬　イ　見た目の優れた馬　ウ　脚の遅い馬
エ　体の大きな馬　オ　脚の速い馬

問三　――線部2「いづちともなく失せぬ」の現代語訳として最も適当なものを、次のア～オの中から一つ選び、記号で答えなさい。

ア　どこからともなく現れた。
イ　いつともわからぬうちに死んだ。
ウ　行方がわからなくなった。
エ　どの馬かわからなくなった。
オ　何かをなくしてしまった。

問四　文中の空欄（Ｘ）に入る最も適当な言葉を、次のア～オの中から一つ選び、記号で答えなさい。

ア　こそ　イ　ぞ　ウ　は　エ　か　オ　なむ

問五　――線部3「歎くべき事にてか侍らむ」の現代語訳として最も適当なものを、次のア～オの中から一つ選び、記号で答えなさい。

ア　後悔すべきことでしょう。
イ　喜ぶべきことでしょうか。
ウ　怒るようなことでしょうか。
エ　悲しむべきことでしょうか。
オ　悲しまないわけにはいかない。

問六　――線部4「云ひける」の動作の主語として最も適当なものを、次のア～オの中から一つ選び、記号で答えなさい。

ア　北叟　イ　隣りの人　ウ　駿馬
エ　最愛の子　オ　武士

問七　――線部5「此」とあるが、この言葉が指す内容を本文中より一文で探し、初めと終わりの三字を抜き出しなさい。（句読点や記号も一字とする）

～

問八　――線部6「命を全くす」とあるが、これはなぜか。その理由として最も適当なものを、次のア～オの中から一つ選び、記号で答えなさい。

ア　北叟が戦に赴こうとする息子を止めたから。
イ　落馬によって傷を負い、戦に行かなかったから。
ウ　息子は馬に乗って遊ぶくらい幼い歳であったから。
エ　息子の身分が高く、戦に赴かなくてもよかったから。
オ　武士たちが戦を途中でやめてしまったから。

問九　本文の出来事から生まれた言葉として最も適当なものを、次のア～オの中から一つ選び、記号で答えなさい。

ア　矛盾　イ　蛇足　ウ　馬の骨
エ　千載一遇　オ　塞翁が馬

問十　次のア～オの文章で、本文中において内容と合致しているものを二つ選び、記号で答えなさい。

ア　北叟の子は落馬により、両足を負傷した。
イ　世の中で戦争が起こり、多くの武士が戦死した。
ウ　北叟は様々な物事に一喜一憂しない人物である。
エ　北叟は隣に住んでいる人と共同で馬を所有していた。
オ　駿馬は北叟のもとに新しい馬を連れてきた。

5 次の文章は、『十訓抄《じっきんしょう》』に手を加えたものです。これを読んで、後の問いに答えなさい。

（アサンプション国際高）

朱買臣《しゅばいしん》、文の道は富めりしかども、家貧しかりけり。年ごろの妻、住みわびて、暇《いとま》をこふに、「いま一年《ひととせ》を待て」としたひ a をしめども、①聞かずして別れ去りぬ。その次の年、買臣、古里の会稽《くわいけい》の守《しゅ》になりて赴《おもむ》く時、かの妻、国の民《たみ》の妻となりて、買臣に見えにけるを、恥ぢ悲しみて、消え入りにけりとなむ。

呂尚父《りよしやうほ》が妻、②同じく家を住みわびて、離れにけり。呂尚父、王の師となりて、いみじかりける時、かの妻、帰り来て、③もとのごとくあらむことを b こひのぞむ。その時に、呂尚父、桶《をけ》一つを取り出でて、「これに水入れよ」といふままに入れつ。「こぼせ」といへば、こぼしけり。さて、「c もとのやうに返し入れよ」といふ時、妻笑ひて、「土にこぼせる水、いかでか返し入れむ」といふ。呂尚いはく、「汝《なんぢ》、われに縁尽きしこと、桶の水をこぼせるに同じ。いまさら、いかでか帰り住まむ」④とぞいひける。

これら、ものねたみにはあらねども、貧しき世を忍びえず、心短きたぐひなり。

【語注】年ごろの妻…長年、連れ添った妻。
暇…別れること、離縁。
会稽…呉（現在の中国の一部）の郡都。　守…郡の長官。
いみじかりける時…大変に富み栄えていた時。　汝…お前。

問一 〰〰線a「をしめども」、b「こひのぞむ」、c「もとのやうに」のそれぞれの読み方を、現代かなづかいに直し、すべてひらがなで書きなさい。

a [　　] b [　　] c [　　]

問二 ——線①「聞かずして別れ去りぬ」の現代語訳として最も適当なものを次から選んで、記号で答えなさい。

ア 聞かないで別れた。　イ 聞き入れて別れなかった。
ウ 聞き入れて別れた。　エ 聞かないで別れなかった。

[　　]

問三 ——線②「同じく」とは誰と同じだといっているのですか。最も適当なものを次から選んで、記号で答えなさい。

ア 朱買臣　イ 朱買臣の妻
ウ 呂尚父　エ 呂尚父の妻

[　　]

問四 ——線③「もとのごとくあらむ」とありますが、それはどういうことですか。最も適当なものを次から選んで、記号で答えなさい。

ア 元のように出世すること。
イ 元のように離れて住むこと。
ウ 元のように水を器に戻すこと。
エ 元のように夫婦に戻ること。

[　　]

問五 ——線④「とぞいひける」について

(1) この部分は助詞「ぞ」によって文末が変化しています。これを何の法則と言いますか。

[　　]

(2) 「とぞいひける」とは「と言った」という意味ですが、どこからどこまでが発言した言葉になりますか。文章中から抜き出し最初と最後の五字ずつで答えなさい。

[　　　　　]～[　　　　　]

問六 この話が元となってできたことわざは何ですか。最も適当なものを次から選んで、記号で答えなさい。

ア 二度あることは三度ある　イ 覆水盆に返らず
ウ 類は友を呼ぶ　エ 古川に水絶えず

[　　]

6　次の文章を読んで、後の問いに答えなさい。（長崎県）

> 木下という人物が、村を見渡せる高台から家来とともに村を眺めていた。その時、遠くに見える大きな松の木の梢《こずえ》に、鶴が巣を作って、親鳥がえさを運び雛《ひな》を育てている様子が見えた。

雛《ひな》もよほど育ちて《ずいぶんと成長して》首を並べて巣の内に並べる様《中で並んでいる様子を、》、遠眼鏡にて望みし《望遠鏡で眺めていたが、》に、ある時右松《その松》の根より、よほど《ずいぶん》太き黒きもの段々右木《その木》へ登るさま《様子を見て、》、「うはばみ《蛇の一種だろう。》の類ひなるべし。やがて《そのまま》巣へ登りて鶴をとり喰《くら》ふならん《のだろう。》。①あれを制せよ」と人々申し騒げどもせん方なし《どうしようもない。その時、》。しかるに、二羽の鶴の内、一羽は蛇を見付けし体《てい》にてありしが《様子であったが、》、虚空《こくう》に飛び去りぬ《飛び去った。》。「あはれいかが《ああ、どうしたことか、》、雛はとられん《とられそうだ》」と②手に汗して望みながめしに、もはや《早くも》彼《か》の《あの》蛇も梢《こずえ》近く至り、あはや《ああ、危ない》と思ふ頃、一羽の鷲《わし》はるかに飛び来たり《はるか遠くから飛んで来て、》、右の蛇《その蛇》の首をくはへ、帯を下げしごとく《下げたように》空中を③立ち帰りしに、親鶴程なく《間もなく》立ち帰りて雌雄《しゆう》巣へ戻り《巣に戻って来て、》、雛を養ひしとなり《養ったということだ。》。鳥類ながら《ではあるが、》其《そ》の身の手に及ばざるをさとりて《自分の手に負えないことを》、同類の鷲を雇ひ来たりし事、④鳥類心ありける事と語りぬ《思慮深いことであったと語った。》。

（「耳嚢《みみぶくろ》」より）

問一　――線部①の指示内容を本文から漢字一字で抜き出して書きなさい。

問二　――線部②とあるが、このときの「人々」の様子を説明したものとして、最も適当なものを次から一つ選び、その記号を書きなさい。

ア　雛に危険が迫っているが、成長した雛に人間が手を貸すべきではないと考え、緊張してなりゆきを見ている。

イ　雛が襲われそうになっているが、離れた場所から見ているために手出しができず、心配しながら見守っている。

ウ　巣から逃げ出そうとする雛を自分たちの力で助けてあげたいと願い、解決策について議論し合っている。

エ　雛を心配して騒ぐ人々の声に驚いた親鶴が飛び去ってしまい、雛に申し訳ないことをしたと嘆き合っている。

問三　══線部を現代かなづかいに直して書きなさい。

問四　――線部③の主語として最も適当なものを次から一つ選び、その記号を書きなさい。

ア　親鶴　　イ　雛　　ウ　蛇　　エ　鷲

問五　――線部④とあるが、親鶴のどのような行動を「心ありける」と語ったのか。解答欄に合う形で、それぞれ十字以内の現代語で書きなさい。

親鶴は、雛が蛇に狙われていると気づいたが、［1］と判断して、雛を守るために［2］という行動。

1

2

7 次の文章を読んで、後の問いに答えなさい。（鳥取県）

南都《なんと》に、歯取る＊唐人《たうじん》有りき。ある＊在家人《ざいけにん》の、＊慳貪《けんどん》にして、＊利養《りやう》を先《さき》とし、事に触れて、＊商ひ心《あきなひごころ》のみありて、＊徳もありけるが、＊虫の食ひたる歯を取らせむとて、唐人がもとに行きぬ。歯一つ取るには、銭二文《ぜにもん》に定めたるを、「一文にて取りてたべ《一文で抜いてくだされ》」と云《い》ふ。＊少分《せうぶん》の事なれば、ただも取るべけれども《ただでとってもよいのだが》、＊心様《こころざま》の憎さに、「1ふつと、一文にては取らじ《絶対に一文では抜かない》」と云ふ。やや久しく論ずる程に、2おほかた《全く》取らざりければ、「3さらば三文にて、歯二つ取り給《たま》へ」とて、虫も食はぬに良き歯を取り添へて、二つ取らせて、三文取らせせつ。心には＊利分《りぶん》とこそ思ひけめども、疵《きず》なき歯を失ひぬる、大きなる損なり。此《これ》は申すに及ばず、4大きに愚かなる事、嗚呼《をこ》がましきわざなり。

（「沙石集」より）

（＊注）唐人…唐から渡来した人。
在家人…出家していない庶民。
慳貪…けちで貪欲。　利養…利益。
商ひ心…損得を考える商売根性。　徳…財産。
虫の食ひたる歯…虫歯。
少分の事…ほんのわずかな金額。
心様…心の持ち方、考え方。
利分…もうけ。

問一 「1ふつと、一文にては取らじ」は、誰の言葉ですか。本文中から抜き出して答えなさい。

問二 「2おほかた」を現代仮名遣いに直し、すべてひらがなで書きなさい。

問三 「3さらば三文にて、歯二つ取り給へ」とありますが、このように言ったのはなぜですか。最も適切なものを、次のア～エから一つ選び、記号で答えなさい。

ア 二本まとめて抜くことで、一本分を安く抑えて得しようと考えたから。
イ 話が長くなったので、少しでも早く歯を抜いてもらおうと考えたから。
ウ 三文払えば定価よりも高くなり、相手も得になるはずだと考えたから。
エ 別れ際のお礼として三文は少ないが、受け取ってもらおうと考えたから。

問四 「4大きに愚かなる事」とありますが、これはどのようなことに対する言葉ですか。最も適切なものを、次のア～エから一つ選び、記号で答えなさい。

ア 主張して相手をねじ伏せることに懸命になり、仏に従う謙虚さを忘れていること。
イ 少しでも多くの利益を上げたいと望む結果、相手への思いやりを忘れていること。
ウ 目の前のわずかな利益に気を取られて、本当に大切なことに気づいていないこと。
エ 治療を優先しようとして、必要以上に代金を支払い、財産を失ってしまうこと。

8　次の文章を読んで、後の問いに答えなさい。（日ノ本学園高）

今は昔、貫之が土佐守になりて、下りてありける程に、任果ての年、七つ八つばかりの子の、ａえもいはず①をかしげなるを、限なくかなしうしけるが、とかく煩ひて失せにければ、②泣き惑ひて、病づくばかり思ひこがるる程に、③月比《つきごろ》になりぬれば、かくてのみあるべき事かは、④上りなんと思ふに、⑤児のここにて何とありしはやなど、思ひ出でられて、ｂいみじう悲しかりければ、柱に書きつけける。

都へと思ふにつけて悲しきは帰らぬ人のあればなり［Ｘ］

と書きつけたりける歌なん、今までありけ［Ｙ］。

（「宇治拾遺物語」より）

問一　傍線部ａ・ｂを現代仮名遣いに改めて、すべてひらがなで書きなさい。

ａ［　　］　ｂ［　　］

問二　傍線部①・③の意味を次のア～エから一つ選んで、その記号を書きなさい。

①　ア　煩わしいのを　イ　賢そうなのを　ウ　憎たらしいのを　エ　かわいいのを

③　ア　月初め　イ　月末　ウ　数か月　エ　一か月ごと

①［　］　③［　］

問三　傍線部②・⑤の現代語訳として最も適切なものを次のア～エから一つ選んで、その記号を書きなさい。

②　ア　涙がこみ上げて、病気になってしまうほど悲しい思い
　　イ　涙が止まらず、病気ではないかと疑ってしまう思い
　　ウ　泣きそうになるほど、病気の治療がつらいという思い
　　エ　泣くよりも、病気の治療に専念したいという思い

⑤　ア　子どもがここでこんなことを聞いてきたなあ
　　イ　子どもがここでこんなことをしていたなあ
　　ウ　子どもがここでいなくなってしまったのだなあ
　　エ　子どもがここで生まれてうれしかったなあ

②［　］　⑤［　］

問四　傍線部④の主語を本文中より抜き出して書きなさい。［　　］

問五　文中の［Ｘ］・［Ｙ］には、助動詞の「けり」が入る。「けり」の活用形の組み合わせとして正しいものを次のア～エから一つ選んで、その記号を書きなさい。

ア　Ｘ　けり　Ｙ　けり　　イ　Ｘ　けり　Ｙ　ける
ウ　Ｘ　ける　Ｙ　けり　　エ　Ｘ　ける　Ｙ　ける

［　］

問六　本文の内容と一致している一文を次のア～エから一つ選んで、その記号を書きなさい。

ア　国司として土佐に赴任中に親しくしていた人と、帰郷後も交流できて喜んだ。
イ　妻と土佐に旅行した時に、亡くなった子に似ている子を見かけて驚いた。
ウ　国司として土佐に赴任した時に、愛するわが子が死んでしまって悲しかった。
エ　妻の実家である土佐に行った時に、その家の子が亡くなったので慰めた。

［　］

問七　この文章の主人公が中心になって編纂《へんさん》した和歌集を次のア～エから一つ選んで、その記号を書きなさい。

ア　万葉集　イ　山家集　ウ　新古今和歌集　エ　古今和歌集

［　］

9 次の文章を読み、後の問いに答えなさい。（彩星工科高）

中ごろのことなるに、[※1]津の国難波《なには》の里に、[※2]おほぢとうばと[※3]はんべり。うば四十に及ぶまで、子のなきことを悲しみ、[※4]住吉に参り、なき子を祈り申すに、[※5]大明神《だいみやうじん》①あはれとおぼしめして、四十一と申すに、ただならずなりぬれば、②おほぢ、喜び限りなし。やがて、十月《とつき》と申すに、③いつくしき男子をAまうけけり。さりながら、生れおちてより後、背[※6]一寸ありぬれば、やがて、その名を、一寸法師とぞ名づけられたり。

年月を経る程に、はや十二三になるまで育てぬれども、背も人ならず、つくづくとB思ひけるは、ただ者にてはあらざれ、ただ④化物風情《ばけものふぜい》にてこそ候へ、われら、いかなる罪の報いにて、Cかやうの者をば、住吉より給はりたるぞや、あさましさよと、見る目も不便なり。夫婦思ひけるやうは、あの一寸法師めを、Dいづかたへもやら[※7]ばやと思ひけると申せば、やがて、一寸法師、この[※8]よし承り、親にもかやうに思はるるも、口惜しき次第かな、いづかたへも行かばや⑤」と思ひ、刀なくてはいかがと思ひ、針を一つうばに請《こ》ひ給へば、取り出したびにける。

（「一寸法師」〈『新編日本古典文学全集　室町物語草子集』所収〉より）

語注

※1　津の国難波の里　大阪市。津の国は摂津国。
※2　おほぢとうば　年老いた男と女。
※3　はんべり　居た。
※4　住吉　大阪市住吉区にある住吉神社。
※5　大明神　神を敬った呼び方。ここでは住吉大明神。
※6　一寸　一寸は約3センチメートル。
※7　ばや　～たい（願望を表す）。
※8　よし　事。

問一　二重傍線部A～Dを現代仮名遣いに直し、すべてひらがなで書きなさい。

A　まうけ［　　］　B　思ひ［　　］
C　かやう［　　］　D　いづかた［　　］

問二　傍線部①・③の語句の本文中での意味を後のア～エから一つ選び、記号で書きなさい。

①　あはれ［　　］
ア　かわいそう　イ　素晴らしい
ウ　ありがたい　エ　風情がある

③　いつくしき［　　］
ア　鬼のような　イ　天使のような
ウ　かわいらしい　エ　非常に小さい

問三　傍線部②「おほぢ、喜び限りなし」とあるが、その理由を次のア～エから一つ選び、記号で書きなさい。［　　］

ア　住吉に参り　イ　なき子を祈り申す
ウ　ただならずなりぬれば　エ　刀なくてはいかが

問四　傍線部④「化物風情にてこそ候へ」は「化物のようなやつではある」という意味である。その理由に当たる部分を本文中から二十三字で抜き出し、初めと終わりの五字を書きなさい。

初め［　　　　　］～終わり［　　　　　］

問五　傍線部⑤は心内語の終わりを示している。この心内語の初めの五字を抜き出して書きなさい。心内語とは声に出さず心の中で語られる言語のことである。

［　　　　　］

10　次の文章を読んで、後の問いに答えなさい。　（三田松聖高）

和邇部用光《わにべのもちみつ》といふ楽人《がくにん》ありけり。土佐《とさ》の御船遊びに下りて、上りけるに、安芸《あき》の国、なにがしの泊にて、①海賊押し寄せたりけり。弓矢の行方《取り》知らねば《扱うことが出来ないので》、防ぎ戦ふに力なくて、今はうたがひなく殺されなむず《殺されるだろう》と思ひて、篳篥《ひちりき》を取り出でて、屋形の上にゐて、「あの党や《連中どもよ》。今は沙汰《さた》に及ばず《今はあれこれ言っても始まらない》。とくなにものをも取り給《たま》へ。ただし、年ごろ、思ひしめたる《心に深く思い込んでいる》篳篥の、こてうしといふ曲、吹きて聞かせ申さむ。②さることこそありしかと、のちの物語にもし給へ」といひければ、宗《むね》との大きなる声にて、「主たち《お前たち》、しばし待ち給へ。かくいふことなり。もの聞け」といひければ、船を押さへて、おのおのしづまりたるに、用光、③今はかぎりとおぼえければ、Ⅰ涙を流して、めでたき音を吹き出でて、吹きすましたりけり。

をりからにや、その調べ、波の上にひびきて、かの潯陽江《じんやうかう》のほとりに、琵琶を聞きし昔語りにことならず。海賊、静まりて、いふことなし。よくよく聞きて、曲終りて、④先の声にて、「君が船に心をかけて、寄せたりつれども、曲の声にⅡ涙落ちて、かたさりぬ《ここはやめた》」とて、漕ぎ去りぬ。

（「十訓抄」より）

注　和邇部用光…平安時代の音楽家。右城正枝の弟子。
　楽人…音楽家
　篳篥…雅楽の楽器
　宗と…首領
　潯陽江…中国、江西省九江市付近を流れる長江の別称。

問一　二重傍線部「こてうし」を現代仮名遣いに改めて、ひらがなで答えなさい。［　　］

問二　傍線部①「海賊押し寄せたりけり」とあるが、なぜか。最も適切なものを次の選択肢から選び、記号で答えなさい。［　　］

ア　笛の名手である用光を人質として利用しようと思っていたから。
イ　船を見た時から用光の乗った船を襲おうと考え目指していたから。
ウ　敵だと思ったため倒して戦利品を取ってやろうと思っていたから。
エ　故郷で別れを告げた顔見知りであったため声をかけようとしたから。

問三　傍線部②「さること」の説明として最も適切なものを次の選択肢から選び、記号で答えなさい。［　　］

ア　屋形船から海賊に対して真正面から立ち向かった男がいたということ。
イ　襲われることを想定しておらず、弓の練習を怠った男がいたということ。
ウ　海賊に襲われた際、戦闘はできないため篳篥を吹いた男がいたということ。
エ　奪われることを想定しながらも、後の語り草になると考えた男がいたということ。

問四　傍線部③「今はかぎり」を具体的に説明した箇所を本文中から十四字で抜き出して答えなさい。

問五　傍線部④「先の声」とは誰の声か。本文中から抜き出して答えなさい。

問六　波線部Ⅰ「涙を流し」とⅡ「涙落ち」の説明として最も適切なものを次の選択肢から選び、記号で答えなさい。

ア　Ⅰはこの演奏が人生で最後に吹くのだろうと思い流した涙であり、Ⅱは素晴らしい音色に感銘を受けて流した涙である。
イ　Ⅰは笛の音に故郷の景色を思い出し感動して流した涙であり、Ⅱは音に合わせて周りが歌う姿の一体感に心惹《ひ》かれ落ちた涙である。
ウ　Ⅰは心を込めて吹くために昔を思い出して流した涙であり、Ⅱは曲が終わってしまったことを心残りであると感じた涙である。
エ　Ⅰは強制されて吹くことに対する恐怖から流した涙であり、Ⅱは心に思い浮かぶ景色を想像しているうちに自然と流れた涙である。

問七　本文の内容と合っているものを次の選択肢から一つ選び、記号で答えなさい。

ア　土佐に船で向かう途中の用光は、安芸の国の何とかの泊という所で海賊たちに襲われた。
イ　用光を襲った海賊たちは、用光の最後の願いを聞くために少しの時間襲うのを待った。
ウ　用光が吹いた篳篥の音色が波の上に響いて、それと同時に用光の部下たちは琵琶を演奏した。
エ　用光の吹く篳篥の音色に感動した海賊たちは、もっと聞きたかったのでその場を去らなかった。

11　次の文章を読んで、後の問いに答えなさい。（※の付いている語句には、後に注があります。）

（箕面自由学園高［改題］）

※1けしからず、ものごとにいはふ者ありて、与三郎といふ※2中間《ちゅうげん》に、①大晦日《おおみそか》の晩いひ A をしへけるは、今宵《こよい》はつねよりⅠとくやどに帰りやすみ、あすは早々おきて来《きた》り、門をたたけ。内より②たそやととふ時、福の神にて候《そうろう》とこたへよ。Ⅱすなはち戸をあけて、よびいれんと。

Ⅲねんごろにいひふくめてのち、亭主は心にかけ、鶏《にわとり》のなくと、同じやうにおきて、門にまちゐけり。

③あんのごとく、戸をたたく。たそたそととふ。いや与三郎とこたふる。※3無興中中《むきょうなかなか》ながら、門をあけてより、そこもと火をともし※4若水をくみ、※5かんをすゆれども、④亭主顔のさま※6あしくて、※7さらに物いはず。中間ふしんに思ひ、つくづく思案しゐて、よひにをしへし福の神をうちわすれ、やうやう酒をのむころに思ひ出し、仰天し、※8膳《ぜん》をあげ、ざしきを立ちざまに、さらば福の神で御座《ござ》ある。おいとま申し B まゐらすると申した。

（「醒睡笑」より。出題の都合上、本文と表記を変更した箇所があります。）

※1　けしからず、ものごとにいはふ者―異常なほどどのようなことでも縁起のよい悪いを気にする人。
※2　中間―下働きの男。
※3　無興中中―不機嫌・不愉快だけれども。
※4　若水―最初の新鮮で縁起の良い水。
※5　かんをすゆれども―ごちそうを準備したけれども。
※6　あしくて―不機嫌で。　※7　さらに～ず―まったく～ない。
※8　膳をあげ―食べ終わってお膳を片付けること。

問一 二重傍線部A、Bを現代仮名遣いに直しなさい。

A ［　　］ B ［　　］

問二 波線部Ⅰ～Ⅲの現代語訳として最も適当なものをそれぞれア～オから選び、記号で答えなさい。

Ⅰ「とく」

ア 早く　イ すでに　ウ もし　エ 遠い　オ 特別に ［　］

Ⅱ「すなはち」

ア 後で　イ ゆっくり　ウ 小さな　エ ようやく　オ すぐに ［　］

Ⅲ「ねんごろに」

ア 優しく　イ 怒って　ウ 何度も　エ 簡単に　オ 急に ［　］

問三 傍線部①「大晦日」について、以下の問いに答えなさい。

(1) 「大晦日」は何月のことですか。漢数字で答えなさい。 ［　　］月

(2) (1)で答えた月の旧暦の言い方をひらがな（現代仮名遣い）で答えなさい。 ［　　］

問四 傍線部②「たそや」の「た」にあてる漢字として最も適当なものを次のア～オから選び、記号で答えなさい。 ［　］

ア 他　イ 田　ウ 多　エ 代　オ 誰

問五 傍線部③「あんのごとく」とありますが、その内容として最も適当なものを次のア～オから選び、記号で答えなさい。 ［　］

ア 与三郎の宣言した通りに、朝早く亭主のもとへ来たこと。

イ 与三郎の予想に反して、朝早く福の神のふりをした亭主が来たこと。

ウ 亭主の予想に反して、いつも寝坊する与三郎が朝早く来たこと。

エ 亭主が計画した通りに、与三郎が朝一番に亭主の家を訪問したこと。

オ 亭主が計画した通りに、与三郎が朝一番に亭主を出迎えたこと。

問六 傍線部④「亭主顔のさまあしくて、さらに物いはず」とありますが、その理由を、「誰（が、）～した（から。）」の形で解答欄に合うように答えなさい。

［　　　　　］が、［　　　　　　　　］から。

問七 この話の結末を説明したものとして最も適当なものを次のア～オから選び、記号で答えなさい。 ［　］

ア 「福の神」を迎え入れるという縁起の良い行動をするはずが、中間の間違いで「福の神」が出ていくことになってしまい、かえって縁起の悪い結果となってしまった。

イ 「福の神」を迎え入れるという縁起の良い行動をするはずが、中間の間違いで「貧乏神」が出ていくことになって、それはそれでとても縁起の良い結果となってしまった。

ウ 「福の神」を迎え入れるという縁起の良い行動をするはずが、亭主の間違いで「貧乏神」が入ってくることになってしまい、かえって縁起の悪い結果となってしまった。

エ 貧しい中間をもてなすという善いおこないをするはずが、長く住んでいた「福の神」が間違えて出て行くことになってしまい、かえって縁起の悪い結果となってしまった。

オ 貧しい中間を呼び豪華な料理を振る舞ったが、中間はその恩を感じることなくお礼も言わず帰ってしまい、縁起の悪い結果となってしまった。

12 次の文章を読んで、後の問いに答えなさい（出題のために一部文章を改めた所があります）。（京都文教高）

空也上人、道を過ぎ給ひけるに、ある家の門に年七歳ばかりなる小児①泣きて立ちたり。上人、「※など泣くぞ」と、a問ひ給ひければ、小児こたへけるは、「二歳と申しけるに、父に※おくれぬ。ただひとりたのみて侍《はべ》りつる母に、この暁《あかつき》またおくれ侍りぬ。いまは誰をたのみて身をたて、いづれの世にかふたたびあひ見侍る事を得ん」とbいひければ、上人聞きて、「※な泣きそ」と※こしらへて、※弾指《だんし》してのたまひける、

朝夕《てうせき》歎心《たんしん》忘《ばう》後前《ごぜん》立《りふ》常習《じやうしふ》

と唱へて過ぎ給ひにけり。小児、この文《もん》を聞きて、則《すなは》ち②泣きやみにけり。村の人、「※さしもかなしみつるに、など泣きやみたるぞ」とc問ひければ、「上人のさづけ給ひつる文あり。その心は」とてdいひける、

あさゆふになげく心を忘れなんおくれさきだつ③常の習ひぞ

七歳の人のかく心え解きけるもただ人にはあらず。　④

（「古今著聞集」より）

（注）
※など泣くぞ……どうして泣くのか。
※おくれぬ……死に別れた。
※な泣きそ……泣いてはいけない。
※こしらへて……なぐさめて。
※弾指して……指をはじいて音を出して（強い思いを表すしぐさ）。
※さしもかなしみつるに……あんなにも悲しんでいたのに。

問一　＝＝部を現代仮名遣いに改め、すべてひらがなで答えなさい。

問二　〰〰部a～dで会話主が同じであるものの組み合わせとして最も適当なものを選び、記号で答えなさい。

ア　aとb　イ　aとc　ウ　aとd
エ　bとc　オ　bとd

問三　――部①とありますが、このときの小児の気持ちとして最も適当なものを次から選び、記号で答えなさい。

ア　腹立たしい気持ち。　イ　うれしい気持ち。
ウ　悲しい気持ち。　エ　感動する気持ち。

問四　――部②とありますが、その理由として最も適当なものを次から選び、記号で答えなさい。

ア　母親に叱られて思いなおしたから。
イ　村人に励まされて気が変わったから。
ウ　父親の魂を近くに感じたから。
エ　上人の教えを読み取ったから。

問五　――部③のここでの意味として最も適当なものを次から選び、記号で答えなさい。

ア　命あるものには必ず死が訪れること。
イ　夢を求めればいつか実現すること。
ウ　この世にはあらゆる学びがあること。
エ　普段の習慣はあなどれないということ。

問六　④には文章全体の内容をふまえた文が入ります。その現代語訳として最も適当なものを次から選び、記号で答えなさい。

ア　やはり小児は、父親の生まれ変わりであったのだろう。
イ　やはり小児は、仏の化身であったのだろう。
ウ　やはり小児は、上人の教えを理解できなかったのであろう。
エ　やはり小児は、母親をたよって生きていたのであろう。

13　次の古文を読んで、後の問一～問三に答えなさい。（山口県）

※関取《せきとり》※谷風梶之助《たにかぜかぢのすけ》、小角力《こずまう》を供につれ《弟子を供として連れて》※日本橋本船町《ほんふな》を通りける時、鰹《かつを》をかはんとしけるに価《あたひ》いと高かりければ、供のものにいひつけて、「まけよ」といはせて a 行過《ゆきすぎ》しを、魚うるをのこよびとどめて、「関取のまけるといふはいむ《さける》べき事なり」といひければ、谷風立《たち》かへり「買へ買へ」といひて b かはせたるもをかしかりき。これは谷風のまくる《まける》にあらず、魚うるをのこの方をまけさする事なれば、さのみ《それほど》忌《い》むべきことには c あらざるを、「かへかへ」といひしは d ちとせきこみし《少しあせって早とちりをした》と見えたり。是《これ》は予《私》が若かりし時まのあたり見たる事なりき。

（「仮名世説《かなせせつ》」より）

（注）※関取＝すもうにおける上位の力士のこと。
※谷風梶之助＝江戸時代に活躍した力士。
※日本橋本船町＝近世の江戸の地名。

問一　「かはん」を現代仮名遣いで書き直しなさい。

問二　「魚うるをのこよびとどめて」の解釈として最も適切なものを、次のア～エから選び、記号で答えなさい。

ア　魚を売っている男が、谷風に声をかけて
イ　魚を売っている男が、谷風に魚を売って
ウ　魚を売っている男に、谷風が声をかけて
エ　魚を売っている男に、谷風が魚を売って

問三　次の会話は、前の古文を学習した際の、AさんとBさんのやりとりである。よく読んで、後の(1)、(2)に答えなさい。

Aさん　このお話の中で、力士として勝負にこだわる谷風は、「まける」という言葉に対して敏感に反応し、早とちりをしてしまいましたね。

Bさん　そうですね。「これは谷風のまくるにあらず、魚うるをのこの方をまけさする事なれば」とあるように、ここで「まける」のは谷風ではなく、魚を売っている男の方ですよね。「まける」という動作の主体が変わっています。

Aさん　そのとおりです。そのように考えると、魚を売っている男は、結果的に「まける」という言葉がもつ二つの意味をうまく使ったと言えますね。

Bさん　ところで、このお話が収められている「仮名世説」は、筆者が聞いたうわさ話や実際に経験したことを書きとめたものであるようです。このお話は、筆者が目にしたことについて感想を述べる形式になっています。

Aさん　すると、「□」までが、筆者が見た内容ですね。この後から、筆者の感想や説明が始まっています。短い話ですが、構成がまとまっていますね。

(1)　「魚を売っている男は、結果的に『まける』という言葉がもつ二つの意味をうまく使った」とあるが、それは「魚を売っている男」が、「まける」という言葉をどのような意味で使ったということか。「まける」という言葉がもつ二つの意味を明らかにしながら説明しなさい。

(2)　□に入る表現として最も適切なものを、古文中の══部a～dから選び、記号で答えなさい。

14 次の文章を読んで、後の問いに答えなさい。　（奈良育英高）

今はむかし、ある人牛を売りけるに、買主《かひぬし》いふやう、「この牛は、力も強く病《やまひ》気《け》もなきか」といへば、売主《うりぬし》答へていはく、「なかなか力の強く、しかもａ息災な。①大坂陣では＊1佐奈田《さなだ》ぢやと思へ」といふ。「ｂさらば」とて買ひ取る。

ｃ五月になりて、この牛に＊2犂《からすき》をかけて田をすかするに、一向弱うて田をもすかず、犂は一足《ひとあし》もひかず。ややもすれば人を見てはかけ出でて、角にてかけんかけんとするほどに、「何の役にも立たぬ牛なり。②さてさて憎い事をいうて買はせた。大坂陣では佐奈田ぢやと申したほどに、さこそ強からうとⅠ思うたれば、犂は一足もひかず、そのくせに人を見てはかけんとする」と腹立ちてⅡ居《を》る。

ある時かの売主に逢《あ》うて、「其方《そなた》はとどかぬ嘘《うそ》をついて、人をばかけて犂をばひかぬ牛を、佐奈田ぢやというて売りつけられた」といへば、売主答へていはく、「さうであらう。犂は一足もひくまい。人を見てはかけんとする事は＊3定《ぢやう》であらう。さればこそ佐奈田とは申しｄつれ。大坂陣で佐奈田は、たびたびかけこそしたれ、一足もひいたことはなかつた。その牛もひかぬによりて佐奈田ぢや」とⅢいうた。

（「浮世物語」巻第四より）

注　＊1　佐奈田……人名。大坂の陣で活躍した豊臣方の武将。
＊2　犂……農具の一種。柄《え》が曲がって、刃の広いすき。牛馬にひかせて田畑を耕すために使う。
＊3　定……その通り。本当。

問一　二重傍線部ａ「息災」・ｂ「さらば」の本文中での意味として最も適切なものをア～オから一つ選び、それぞれ記号で答えなさい。

ａ「息災」

ア　頑丈である　イ　強運を持つ　ウ　病気が無い
エ　災難をさける　オ　逆境に負けない

ｂ「さらば」

ア　ちょうどよいので　イ　そうであるならば
ウ　新しいのであれば　エ　本当であるので
オ　さようなら

問二　二重傍線部ｃ「五月」の旧暦での読み方をひらがなで答えなさい。

問三　二重傍線部ｄ「つれ」の活用形をア～カから一つ選び、記号で答えなさい。

ア　未然形　イ　連用形　ウ　終止形
エ　連体形　オ　已然形　カ　命令形

問四　波線部Ⅰ「思うたれば」・Ⅱ「居る」・Ⅲ「いうた」の主語（動作主）として最も適切なものをア～オから一つ選び、それぞれ記号で答えなさい。（ただし、同じ記号を二回以上使っても良い。）

Ⅰ　Ⅱ　Ⅲ

ア　ある人（売主）　イ　買主　ウ　牛
エ　佐奈田　オ　人

問五　傍線部①「大坂陣では佐奈田ぢやと思へ」とありますが、本文において「佐奈田」はどのような人物だと考えられていますか。最も適切なものをア～オから一つ選び、記号で答えなさい。

ア　敵と味方の懸け橋となり、困難な時でもくじけたことがない人物。
イ　思慮分別には欠けるが、不利な状況になったことがない人物。
ウ　たびたび失敗をするが、一度もけがをしたことがない人物。

エ　一か八かの大勝負にのぞんでも、決して負けたことがない人物。
オ　戦場を縦横無尽に動き回り、強い敵からも逃げたことがない人物。

問六　傍線部②「さてさて憎い事をいうて買はせた」とありますが、ここでの買主の心情として適切でないものをア～オから二つ選び、記号で答えなさい。（順不同）

ア　この牛の値打ちがわかっていない売主に腹が立つ。
イ　売主の言葉を信じて、牛を買ってしまった自分に腹が立つ。
ウ　自分の思うようにはたらかない牛に腹が立つ。
エ　扱いにくい牛だという忠告を聞かなかった自分に腹が立つ。
オ　牛を売るためにいい加減なことを言った売主に腹が立つ。

問七　本文に登場する牛の実際の行動はどのようなものでしたか。最も適切なものをア～オから一つ選び、記号で答えなさい。

ア　人を見たら角でつつき、犂は全くひけない。
イ　人を見たら駆け出し、犂に対してひるまない。
ウ　人を見たら愛想をふりまき、犂を忘れてしまう。
エ　人を見たら角でひっかけ、犂には無関心である。
オ　人を見たら近くに寄って行き、犂は壊してしまう。

問八　本文の内容に合致するものをア～オから一つ選び、記号で答えなさい。

ア　買主は、「佐奈田」のようにはたらく牛だという言葉にだまされていたことに気がつき、馬鹿にされたと思って抗議をしたが再び売主にだまされた。
イ　売主は、牛が役に立たないことを知っていたので、牛を手放すために、「かける」と「ひかず」の意味をごまかして言葉たくみに売りつけた。
ウ　売主と買主では「佐奈田」という人物の認識に違いがあったため、買主はだまされたと思ったが、売主が丁寧に説明したので双方は和解した。
エ　売主は、「佐奈田」という人をよく知らなかったため、買主に間違えた説明をしてしまい内心では後悔したが、最後まで間違いを認めなかった。
オ　売主は、「かける」と「ひかず」という言葉の別の意味を述べ、自らが言った「佐奈田ぢや」という言葉にうそはないと、買主を丸め込んだ。

問九　『浮世物語』は江戸時代に成立した作品ですが、同じく江戸時代に成立した作品をア～オから一つ選び、記号で答えなさい。

ア　新古今和歌集　イ　土佐日記　ウ　竹取物語
エ　奥の細道　オ　徒然草

問十　次の歴史的仮名遣いをそれぞれ現代仮名遣いに直し、全てひらがなで答えなさい。

(1)　まゐる　(2)　ほのほ
(3)　いてふ

15 次の文章を読んで、後の問いに答えなさい。（筑紫女学園高）

ある人、鶏《にはとり》を飼いけるに、日々に金《こがね》のまろかし＊を卵《かひご》に産む事あり。主《ぬし》、これを見て慶《よろこ》ぶ事、限りなし。然れども、日に一つ産むことをア堪《た》へかねて、「二つも三つも、続けさまに産ませばや」とて、その鳥を打ち《たたい》さいなめ《て責める》ども、1その験《しるし》もなし。日々に一つよりほかは産まず。

主、心に思ふやうは、いかさまにも《おそらくは》、この鳥の腹には、大なる金や侍るべきとて、その鳥の腹を割《さ》く。かやうにして、頂き＊より足の爪先《つまさき》に至るまで見れども、別《べち》の金はなし。その時、主、2後悔して、「もとのままに置かましものを」とぞ申しける。

その如《ごと》く、人の欲心にふける事は、かの主が鳥の腹を割けるに、異ならず。日々に少しの儲《まう》けあれば、その一命を過ぐる《生きていける》ものなれども、積み《多く財》重ねたく《物を持ちたく》イ思ふによつて、終に飽き足る事なふて、あまつさへ《なおその上に》、宝を落して、その身をほろぼす者なり。

（「伊曾保物語」より）

＊ まろかし…球。丸い塊。
＊ 頂き…頭（など）のてっぺん。

問一 ＝＝部ア「堪へかねて」・イ「思ふによつて」の読み方を、すべて現代仮名遣いに直し、ひらがなで書きなさい。

ア［　　］　イ［　　］

問二 ――部1「その験もなし」の内容を表したものとして、最も適当なものをア～エから選び、その記号を書きなさい。［　　］

ア 日に一つ以上産む様子がない　イ 痛がって産もうとしない
ウ どこを見ても見当たらない　エ うれしくて仕方がない

問三 本文中には「主」のことばが「　」以外にもう一ヵ所ある。その部分を抜き出して、初めと終わりの三字を書きなさい。

［　　］～［　　］

問四 ――部2「後悔して」とあるが、その理由を述べた次の文の A にあてはまる語を指定された字数で本文中から抜き出し、B には適切な内容を考えて書きなさい。

自分自身の A（二字）に負けて鳥の腹を割いてしまったため、B から。

A［　　］
B［　　］

問五 本文ではどのような教訓が述べられているか。最も適当なものをア～エから選び、その記号を答えなさい。［　　］

ア どのような生きものであっても、命あるものはすべて尊いものであるから、感謝の念を決して忘れてはいけない。
イ 生活の中で最も大切なことは思いやりであり、その心を忘れてしまうと、思ってもみない結末を迎えてしまう。
ウ 自分の欲望のままに生きていると、だれからも相手にされなくなり、自分の居場所をなくしてしまうことになる。
エ 欲しいものを際限なく求めると、満足することがないばかりか、今もっている大切なものまで失ってしまうことがある。

3．文学的文章　出題率 75.2%

●ジャンル別出題率

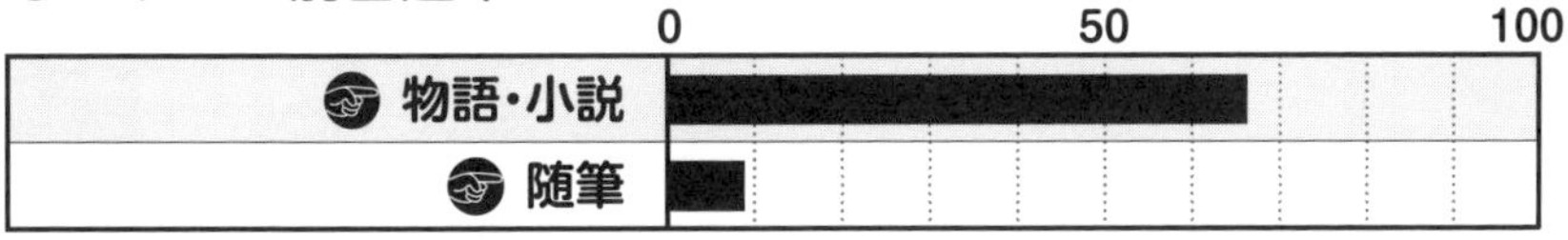

●設問内容別出題率

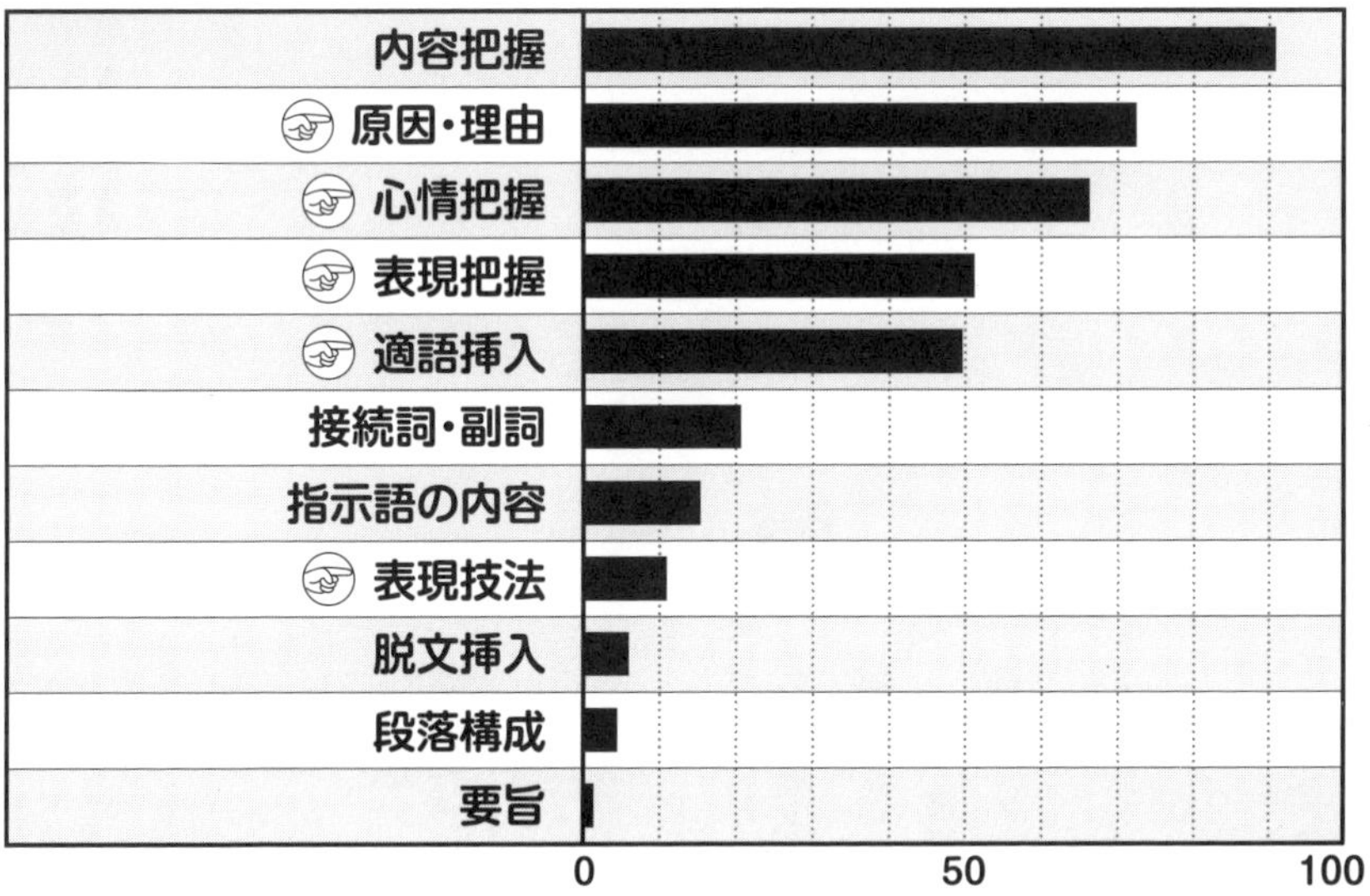

＝本書の収録ジャンル

＝例題の収録内容

編集メモ

「文学的文章」は大きく「物語・小説」「随筆」の２ジャンルに分かれる。「物語・小説」の出題率は66.3%で，時代を問わず幅広い作品が出題されている。文章を読みながら，時代背景や場面の状況をすばやくつかみ，登場人物の心の動きをとらえることが重要だ。また，「随筆」の出題率は 8.9%で，「物語・小説」よりも出題頻度は落ちるが，決しておろそかにはできない。筆者の経験や見聞などと，それについて筆者が考えたことや思ったことを読み分けていくことがポイントとなる。

筆者の描きたいことがどのように書かれているかなどに注目させる，表現把握に関する問題が近年増えてきている。表現技法の特徴をおさえることで，得点アップにもつながるだろう。

3 文学的文章

ニューウイング 出題率 75.2%

【例題一】 次の文章を読んで、後の問いに答えなさい。はっちは以前、赤緒《あかお》の号泣写真を学校の壁新聞に載せたことで、赤緒に激怒されたことがある。

（神戸野田高［改題］）

赤緒が立ちどまり、空を仰いで泣いていた。おそらく見ている人々も大勢いるだろうに、堪《こら》えきれなくなったように――ラケットを持った手をだらりと下げ、天に向かって雄叫《おたけ》びをあげるかのように口をいっぱいに開き、大粒の涙をぼろぼろと頬につたわせて大泣きしていた。中三の惨敗のときの写真と同じく見る影もないほど不細工な顔で、けれど今度は悔し涙ではない涙を流していた。

「あっ、誰にも見せてえんよ」

息を呑《の》んで写真を凝視するだけの赤緒にはっちが慌てたように言った。

「ほやけどわたしはこれ、いい写真やと思う。ほんとはみんなに見て欲しい……」

上目遣いに赤緒の顔色を窺《うかが》いながら、怖々と、けれど頑固にあのときと同じ主張を繰り返した。

「……ひどい顔やな」

吐き捨てるように赤緒が言った。

「ひっどい顔。最悪」

「いい写真やな」

二人の頭の上から高杉《たかすぎ》が呟《つぶや》くと赤緒が驚いた顔を向けてきた。はっちもはっとしたように顔をあげた。

問一 傍線部「吐き捨てるように赤緒が言った」とあるが、この時点での赤緒の説明として最も適当なものを次のア～エの中から一つ選び、記号で答えなさい。

ア　自分がひどく泣いている写真をはっちに勝手に撮られた悔しさがよみがえり、はっちを許さないと決心している。

イ　自分でもひどい顔だと思う、泣いているときの自分の表情が写っている写真を見て、いやな気分になっている。

ウ　自分が一年間継続して努力してきたものが写真に写っていると感じたが、それを簡単に認めたくないと思っている。

エ　はっちが自分のことを美人に撮ってくれたのはうれしいが、もっとふだんの自分を写してほしかったと思っている。

心情把握

❶ 登場人物の心情を直接表現している言葉や、**行動・表情・会話など**から心情をつかむ。

❷ 心情の理由となる**行動や出来事**にも着目する。

△解説▽❶「吐き捨てるように」に注目。「天に向かって…大泣きしていた」「中三の惨敗のときの写真と同じく…涙を流していた」という写真に、赤緒が「ひどい顔やな」「ひっどい顔。最悪」と不平を繰り返していることから考える。アは「悔しさがよみがえり」「許さないと決心」などが不適。ウの「努力してきたものが…写っている」と感じているのは高杉。エの「美人に撮ってくれた」も不適であり、「ふだんの自分を…」と思っている描写はない。

答 イ

胸にこみあげてくるものを感じながら高杉は写真を見下ろす。知らなかった――メールで軽くお祝いを言ったときには赤緒からも淡泊※な返事が返ってきただけだったから。この写真を見なければ知ることはできなかっただろう――「こんなに、嬉《うれ》しかったんやな……」

あのとき一人きりでコートにぶつけた感情を、自分だけの胸に刻みつけ、不屈の根性で這《は》いあがってきて、摑《つか》み取った一勝だ。

「おまえが一年間向きあってきたもんが、ここに詰まってる。いい写真やと思うぞ。この写真も、中三《ちゅうさ》んときの写真も……」

目を見開いてこちらを見あげている赤緒の顔をちらりと見て、照れ笑いを浮かべつつ。

「仲間として、おれが誇りに思う赤緒梓《あずさ》や」

赤緒が顔を伏せて再び写真に目を落とした。

「……ひっどい顔や。ただの三位やのに、あほみたいに取り乱して」

とまた吐き捨てる。しかし笑うような息を小さく漏らし、

「ほやけど、最っ高に気持ちよかったんやー……。この顔と、あのときの顔と、繋《つな》がってるんやの……」

あの日のことを思いだして嚙《か》みしめるように呟いた。

「ほんっとはっちは頑固やのぉ。さすがに梓も負けたわ。……中学んとき…………ごめん」

ぽつりとした声とともに、写真を持った赤緒の指の上に、ぽつりと一つ涙が落ちた。

ずっと不安なまなざしで赤緒を見つめていたはっちが、ほっとしたようにくしゃっと表情を崩した。

（壁井《かべい》ユカコ「空への助走」より）

※　淡泊……淡白と同じ。原文通りの表記による。

問二　本文の表現の特徴として最も適当なものを次のア～エの中から一つ選び、記号で答えなさい。

ア　時系列に沿って語られる出来事の中に所々織り込まれた回想の場面が、物語の進行に深みを与えている。

イ　方言を多用した素朴な会話表現によって、登場人物の緊迫した人間関係が和やかなものになっている。

ウ　会話文中に使われる「……」は、言葉を発するべきかためらう発言者の心の揺れ動きを表している。

エ　比喩や擬態語を効果的に用いることで臨場感が生じ、登場人物の心の動きが鮮やかに描き出されている。

表現把握

❶ **視点**が登場人物か、それ以外の第三者かをおさえる。

❷ **表現技法**をよく使うなど、文体の特徴をおさえる。

❸ 選択肢の内容に沿って、本文の表現と照らし合わせる。

△解説▽❷　写真の赤緒について「天に向かって雄叫びをあげるかのように」という比喩や、会話の合間に「はっとしたように」「ぽつりと一つ涙が落ちた」などの表現を用いている。

❸　「回想の場面」は入っていないので、アは不適。はっちの写真をめぐって「いい写真やと思う」「おれが誇りに思う赤緒梓や」「さすがに梓も負けたわ」と気の置けない会話をしているので、イの「緊迫した人間関係」とまでは言えない。「みんなに見て欲しい……」「嬉しかったんやな……」など、「……」は発言内容に伴う感情が乗っているので、ウも不適。

答　エ

【例題二】 次の文章を読んで、後の問いに答えなさい。

（奈良文化高［改題］）

【大学生の「僕」（青山）は、友人から代理を頼まれたアルバイト先の水墨画の展覧会場で、日本を代表する水墨画家の湖山《こざん》先生と出会う。湖山先生と絵の話をする中で気に入られた「僕」は、話の流れで絵の指導を受けることになった。「僕」は不安を抱きつつ、招かれた湖山先生のアトリエを訪れた。】

「墨液《ぼくてき》ではないんですね。本格的な感じがします」

「墨液を使って教えることもあるが、私はあまり好きではない。それに良い硯《すずり》に墨液を注ぐなんてもったいないよ」

「これは良い硯なのですか？」

「ああ、とても。使いこなせれば、この世界と同じほど微細な墨がすれる」

僕はびっくりして硯を［X］と見た。掌よりも少し大きいくらいの何てこともない長方形の硯に見えたが、確かに立派な木箱に入っていて蓋《ふた》もついている。良いものだと言われると、なんとなく良いものだという気がしてしまうから不思議だ。ただの石だが石以上のものに感じる。

「硯は、書家や水墨を描く絵師にとっては、刀みたいなものだよ。そこからすべてが始まるんだからね」

「そんな大事なものを使わせていただいて、いいんですか？」

「大丈夫。大丈夫。手に入るのなら道具は良いものを使わないとね。良い硯だから大事にしてあげてね」

「分かりました。大事に使わせてもらいます」

(1)嬉《うれ》しそうに湖山先生は微笑《ほほえ》んだ。湖山先生自身も道具にたくさんのこだわりがあるのだろう。超一流の絵師なら当然のことなのだろうけれ

問一 ［X］に入ることばとして最も適当なものを次から選び、その記号を書きなさい。

ア　じろじろ　　イ　まじまじ

ウ　ちらちら　　エ　きょろきょろ

適語挿入

❶ 前後の内容から**手がかりとなる表現**を探す。

❷ 空欄に答えを入れて、文意が通るか確かめる。

△解説▽❶「これは良い硯なのですか？」という「僕」の問いに、湖山先生が「ああ、とても」と答え、その答えを聞いた「僕」が「びっくりして」改めて硯を「見た」ことから考える。

答 イ

問二 傍線部(1)「嬉しそうに湖山先生は微笑んだ」とあるが、その理由を解答欄に合うように十字程度で書きなさい。

書家や絵師にとって、［　　　　　　　　　　］を「僕」が感じ取ってくれたから。

心情の原因・理由

❶ 登場人物の心情をしっかりつかむ。

❷ 登場人物の**それまでの行動・表情・会話など**を手がかりに、その理由を考える。

△解説▽❷「湖山先生自身も道具にたくさんのこだわりがあるのだろう」と「僕」が感じていることをおさえる。その上で、「硯は…刀みたいなものだよ」「道具は良いものを使わないとね。良い硯だから大事にしてあげてね」という湖山先生の言葉

ど、その当然の言葉でも本人から聞くと嬉しい。

「では、まずは墨をするところから。これがなければ始まらないからね。おっと、水滴がなかったね」

湖山先生は立ち上がって、後ろの道具箱から、小さな急須《きゅうす》のような容器を取り出してきた。そこに水が入っているらしい。湖山先生の皺皺《しわしわ》の手が、硯に水を注いで、硯の面を濡《ぬ》らした。

「さあどうぞ」

と、湖山先生は墨をするように促した。僕は恐る恐る墨を持って、硯の上でゴシゴシとすり始めた。おもしろいくらいに墨はすれて、透明な水は真っ黒になっていった。

しばらくすっていると粘りが出てきて、あとどれくらいすればいいのだろう、と視線を上げると湖山先生は居眠りをしていた。

確かに退屈だろうけれど、居眠りしなくても、とも思ったが、とりあえず湖山先生を起こすと、

「もうできたかね？」

と、(2)私はまるで居眠りなんかしてなかったぞというような顔で、起き上がった。それから、僕の座っている席のほうへやってきた。僕は背筋がぐっと伸びた。

着ている※作務衣《さむえ》から漂う清潔そうなにおいは何なのだろう、と思っていると、湖山先生は無造作に筆を取って、目の前の紙に何かをバシャバシャと描き始めた。

この前と同じ、湖畔の風景が出来上がり、次に紙を置くと渓谷《けいこく》が出来上がり、最後には、竹が出来上がった。どれもまさしく神業《かみわざ》で、一瞬の出来事だった。

（砥上裕將《とがみひろまさ》「線は、僕を描く」より）

（※注釈）　作務衣…作業着。

に、「僕」が「分かりました。大事に使わせてもらいます」と理解を示していることに着目する。

答　道具が大事であること（同意可）

問三　傍線部(2)「私はまるで居眠りなんかしてなかったぞというような顔」で用いられている表現技法を次から選び、その記号を書きなさい。

ア　体言止め　イ　擬人法　ウ　直喩　エ　倒置

表現技法

● 主な表現技法はおさえておく。

直喩法（明喩法）	「～ようだ」「～みたいだ」などの言葉を用いて、直接たとえる方法。
隠喩法（暗喩法）	「～ようだ」「～みたいだ」などの言葉を用いないで、暗示してたとえる方法。
擬人法	人でないものを人に見立てて表現する方法。
擬態語 **擬声語**	ものの状態・様子や声・音を、それらしく表した言葉。
倒置法	語順を入れ替える方法。
反復法	同じ言葉を繰り返す方法。
対句法	意味や組み立てが対の言葉を並べる方法。
体言止め	文末を体言（名詞）で終わらせる方法。

△解説▽　比喩を表す「まるで」「ような」という語を用いて、湖山先生の顔を「居眠りなんかしてなかった」という様子にたとえている。

答　ウ

◆◆◆演習問題◆◆◆

（注）特に指示がない限り、句読点や記号も字数に含むものとする。

1 次の文章は、瀧羽麻子『左京区桃栗坂上ル』の一節である。大学生の安藤実《あんどうみのる》（僕）は、幼い頃からの知り合いである上原璃子《うえはらりこ》が自分と同じ大学を志しているという縁で、璃子の家庭教師を務めている。以下の文章は、模擬試験の結果が返却されて以来、初めて璃子の家へと訪れた場面である。これを読んで、後の問いに答えなさい。（京都明徳高）

小春日和《こはるびより》というのは、受験国語における頻出語だ。たぶん今でも多くの受験生が、試験や参考書で一度は目にしているだろう。小さい春という字面《じづら》から、春先を意味すると解釈するのは誤りで、晩秋《ばんしゅう》から初冬《しょとう》にかけての時季を指す。寒風が吹きはじめる中でたまに訪れる、よく晴れてぽかぽかした陽気の日を、小春日和と呼ぶ。すなわち、その直後に待ちかまえているのは、春ではなくて冬である。

①冬はいきなりやってきた。

いや、実際の季節は、冬ではなくて秋だった。十月に入って最初の土曜日、玄関で出迎えてくれた璃子の顔をひとめ見て、僕はいやな予感がした。

試験の読解問題なら、「彼女は思い詰《つ》めたような目で僕を見上げた」という箇所に傍線がひかれ、「彼女の気持ち」を問われるところだろう。ア、僕と会うのがひさしぶりなので緊張している。イ、僕に伝えなければならないことがあり、言葉を探している。ウ、模試の結果が悪かったので落ちこんでいる。エ、僕と一緒におやつを食べようと待っていたため、空腹のあまり不機嫌になっている。

イかウで迷うところだ。

「またC判定だった」

璃子がぼそりと解答した。

夏休みの終わりに行われた模試の結果がまだ出ないうちから、璃子は自信がないと嘆いていた。僕のほうは、たいして気にしていなかった。A謙虚な璃子は、試験にしても宿題にしても、よくできた、と X を張ってみせるようなことはまずない。

璃子の部屋で、さっそく成績表を見せてもらった。前回はaゼンセンした国語の偏差値が、がくんと下がってしまっている。それ以外の科目でも、いくつか不運が重なっていた。頼みの生物は、問題が易しかったのか平均点が高く、あまり差をつけることができなかった。また地理では、設問が人文地理に偏《かたよ》っていて、自然地理のほうが得意な璃子には不利だったようだ。

「今回は運が悪かったな。しゃあないわ、璃子ちゃんのせいやないよ」

②僕が慰《なぐさ》めても、璃子の表情は晴れなかった。

「でも、本番もこうなるかも」

「大丈夫やって。今回はたまたまや」

「どうしてわかるの？」

ふだんのおっとりした璃子には似合わず、ぴしゃりと言い返してくる。

「いや、その、わかるっていうか、そんな気がするっていうか……」

僕は③たじたじとなった。

「気がする？」

璃子が低い声でbクり返した。僕はあえて明るく言ってみた。

「まあまあ、そない悪いほうへ悪いほうへ考えんと。次がんばって挽回すればええやん」

「今回もがんばったんだよ」

「そうやな、そらそうや。でもほら、C、B、C、ってきたから、次はB判定やろ」

「B、C、Dかもしれないよ」

璃子が悲しげにため息をついた。

「Dだったら、受けてもむだだよね？　合格率二〇％だもんね」

投げやりな調子で言われ、僕もちょっとむっとした。落ちこんでいるのはわかるが、せっかくこっちが励まそうとしているのに聞く耳を持たないなんて、璃子らしくもない。

「むだってことはないやろけど」

④いらだちをおさえて、とりなした。

「浪人はしたくないんだけどなあ」

「そない思い詰めんでも。なにも絶対うちの大学受けなあかんってこともないんやし」

「どうして？」

「どうしてって、他にも大学はたくさんあるやろ……」

言い返しかけ、僕はBぎょっとした。璃子は涙ぐんでいた。

「どうしてそんなこと言うの？」

おとなしいように見えて、璃子は意外に感情豊かなのだと、この頃には僕も学びつつあった。外ではおさえているだけで、ごく親しい相手に対しては、喜怒哀楽もはっきり見せる。感情をcバクハツさせることも、たまにある。

そういう大きな噴火が起きたときには、下手になだめたり、適当にあしらったりしても意味がない。黙って璃子の言い分に耳を傾け、鎮火するのをひたすら待つ。文句や弱音をとことん吐き出し、そのうち気がおさまってきて、感情的になったことを璃子自身が反省する、そこまで辛抱強く見守るしかないのだ。

つまり、このときの僕のような対応は、望ましくない。

「他の大学じゃだめなの！　わたしはここに行きたいの！」

⑤潤んだ目でにらみつけられて、僕はうなだれた。

問一　二重傍線部a～cのカタカナをそれぞれ漢字に直しなさい。

a［　　］　b［　　り］　c［　　］

問二　傍線部①「冬はいきなりやってきた」で用いられている表現技法として最も適切なものを以下から選び、記号で答えなさい。［　　］

ア　倒置法　イ　比喩《ゆ》法

ウ　体言止め　エ　対句法

問三　傍線部A・Bの語について、ここでの意味として最も適切なものを以下から選び、それぞれ記号で答えなさい。

A　謙虚な［　　］

ア　朗らかな　イ　快活な

ウ　無口な　エ　控えめな

B　ぎょっとした［　　］

ア　驚いた　イ　苦しくなった

ウ　楽しくなってきた　エ　打ちひしがれた

問四　空欄Xに入る語句として最も適切なものを以下から選び、記号で答えなさい。［　　］

ア　肩　イ　胸

ウ　肘《ひじ》　エ　首

問五　傍線部②「僕が慰めても、璃子の表情は晴れなかった」とあるが、実はどのような対応を取るべきであったのか。本文中の語句を用いて説明しなさい。

問六　傍線部③「たじたじとなった」とあるが、このときの「僕」はどのような状態か。その説明として最も適切なものを以下から選び、記号で答えなさい。

ア　ふだん穏やかな璃子からはっきりと言い返されたことで、ひるんでしまっている状態。
イ　自分の適当な返事のせいで璃子が不機嫌になっていると感じ、気持ちが沈んでいる状態。
ウ　確信のないことを伝え、璃子を不安にさせたと感じ、申し訳なさを感じている状態。
エ　璃子に自分の不手際を指摘され、何も言い返すことができずにいる状態。

問七　傍線部④「いらだちをおさえて」とあるが、「僕」はなぜいらだっているのか。その理由を説明したものとして最も適切なものを以下から選び、記号で答えなさい。

ア　璃子の模試の結果が悪化して返ってきたことに責任を感じ、自分の力不足を痛感しているから。
イ　自分は一生懸命教えているにもかかわらず、璃子からD判定の大学を受けることをむだだと言われてしまったから。
ウ　模試の結果が悪く、璃子が落ち込む気持ちも理解できるが、一向に志望校を変えようとしないから。
エ　返ってきた模試の結果に落ち込む璃子を励まそうとしているが、当の璃子が落ち込み続けているから。

問八　傍線部⑤「潤んだ目でにらみつけられて」とあるが、璃子はなぜそのような態度を取ったのか。その理由を本文中の語句を用いて説明しなさい。

問九　以下は、この文章を読んだ後に中学生が書いた感想文である。本文の内容について正しく理解できている部分を二ヵ所選び、それぞれ記号で答えなさい。

私は、この文章を読んで、璃子のように自分の成績と真剣に向き合う心を持つことは本当に大切だと思いました。今まで、成績が悪くても、「次、頑張ればいいや」と軽く考えていましたが、ア大きく落ち込んでいる璃子の姿を見て、このままではいけないなと痛感しました。ですが、教えてくれている人とも真剣に向き合うべきだと思います。この文章の中で、璃子は、イ自分の気持ちを一度も安藤先生に伝えていません。確かに、安藤先生はウ本当に怖い先生だと思いますが、エ話せばわかってくれる心の広さを持っておられると思います。もし、私が璃子の立場であれば、璃子と同じように、オ第一志望の学校に非常に強い思い入れを持ちつつも、もう少し柔軟に志望校を考えたのではないかと思います。

2 次の文章を読んで、後の問いに答えなさい。　（初芝橋本高）

稽古《けいこ》が終わったあと、一人で残って竹刀《しない》のささくれを修理していたら、先生に声をかけられた。

「早苗《さなえ》……お前、ほんと上手くなったよなぁ」

先生は、片手に鍵をジャラジャラさせている。［　①　］模様。

「ああ……ありがとう、ございます」

「一年で入ってきたときはなぁ、竹刀振り上げたら、そのまま後ろに転びそうだったのになぁ」

「先生。さすがにそこまで、ひどくはなかったはずです」

初心者だったのは事実だけど。

「でも、俺も初めてだったよ。日本舞踊から剣道に転向してきたって奴は」

「わたし的には、あんまり違和感なかったですけどね」

先生、苦笑い。

「……まあ、ここまで上達したってことは、その選択も、決して間違いではなかった、ってことなんだろうな」

上達、か。つまり、上に達する。実にいい言葉だ。

「でも、最初から動きを真似《まね》るのは上手かったよな。それは絶対、［　②　］のお陰だと思うよ」

「ええ。逆に、形はできてるのにって、散々いわれましたけど」

「そう、ほんと形だけだったからな……当時のお前の取り得は」

「……力、なかったですもんねぇ」

「竹刀、よく放り投げてたしな」

「あの天井の疵《きず》、私がつけました」

あれな、と指差し、先生は笑った。最初は怖い人だと思ってたけど、三年も付き合っていると、さすがにもう、そういう感じはない。

「……四月からは、あっちだな」

先生が、出入り口の向こうに目をやる。ここからは見えないが、その方角には高校女子部の総合体育棟がある。その中に、女子剣道部が使用する道場はある。

a<u>ちなみにここは</u>、古い神社のお社《やしろ》みたいな感じの独立した建物で、私はこの雰囲気がけっこう好きだった。本来は柔道部とか合気道部とかと共用の「武道場」なんだけど、中学女子部にはその二つともないので、っていうかだいぶ前に潰《つぶ》れちゃったらしいので、結果的に今は「剣道場」ってことになっている。

「お前なら、あっちでもやっていける。……続けるんだろう？」

私はいったん、③<u>作業</u>の手を止めた。

「はい、続けます。剣道、好きですから」

先生は、二度小さく頷《うなず》いた。

「けっこう、勝てるようになってきたしな」
④<u>それは、ちょっと違う。</u>
「いや、たぶん私、勝てなくても、続けると思います。単純に……剣道が好きだから。剣道の動きとか、雰囲気とか、緊張感とか、匂いとか……そういうのが好きだから、なんかそういう感じに、浸ってたい、っていうか」

また、先生は笑った。

「つくづく変わった奴だな、お前は」

「そうですか？　ごく、普通の発想だと思いますけど」

私にしてみれば、逆になんでみんな、そんなに勝敗に拘《こだわ》るんだろう、ってことになる。剣道は勝敗を争う競技ではなく、心身の鍛錬《たんれん》と、精神と人格の修養が目的であるって、本にだって書いてある。
どっちかっていうと、⑤私の方が本道じゃない？　とすら思う。

《　A　》。

中学の卒業式って、全然泣けない。

そのまま付属高校に上がるだけの私たちは、別に友達と離れ離れになるわけじゃないし、通う場所が変わるわけでもない。中学と高校じゃ校舎すら隣合わせで、教室の窓から見える風景にもほとんど変化はない。セントラルホールで「仰げば尊し」と校歌を唄《うた》って、お終《しま》い。

でも、高校の入学式は違う。

中学で四つだったクラスが、高校では五つに増える。つまり、ちょうどひとクラス分、新しく入ってくる生徒がいるってわけだ。

そして迎えた、入学式の日。

私はお姉ちゃんと初めて一緒に、高校女子部の校舎に入った。

「ねえねえ、やっぱ高校から入ってくる子たちって、違う感じするの？」

「そりゃね。推薦なり一般入試なりに通るんだから、キホン頭いい人が多いし、スポーツ推薦なら、その道でｂそれなりの成績収めてるわけでしょ。逆になんも取り得のない人って、あんまりいないんじゃない？　たとえば、あんたみたいなのは……じゃ、あたしこっちだから」

お姉ちゃんとは二階で別れた。入り口で確認したところ、私の入った一年Ｂ組は三階になるらしい。

「よっ、早苗」

「ああ、麻奈《まな》おはよ」

知った顔と合流しながら、私はなんの気なしに階段の先を見上げた。すると、妙なものが、前方上空を、立ったまま移動していくのが目に入った。

黒い、竹刀袋――。

剣道部の先輩だろうか。二年生なら、クラスのいくつかは三階にある。でも、先輩なら、竹刀は普通、道場に置きっぱにしているはず。新しいのを買ったとか、何か事情があるにしても、わざわざ入学式の日には持ってこないと思う

じゃあなに、新入生？《　B　》。

いくら気合いが入ってるにしても、入学式の日に部活がないのは常識で分かりそうなもんだし、見たところ防具袋はなさそうだから、稽古っていったって、できるのはせいぜい素振り止まりってことになる。それだったら家でやれば？　って話だ。

《　C　》。

「ちょっとごめん」

私は友達に片手で詫《わ》び、前の人たちを追い抜いて⑥竹刀袋を追いかけた。

三階に着いたそれは、一年Ｃ組の教室に入っていく。なんと、お隣さんってわけだ。っていうか、その竹刀袋には何か絵が描いてあった。あれってもしかして、般若《はんにゃ》？

心臓が、試合のときよりバクついていた。

すっごい顔見たい。できれば挨拶《あいさつ》とかしてみたい。《　D　》。なんたって竹刀袋、般若だし。

声をかけるとしたら、やっぱ「剣道やるの？」とかだろうか。いや、それは駄目だ。やるに決まってんだろがー、とか返されたらヘコむ。なんたって相手は般若だし。《　E　》。できれば今すぐ。こんな気持ちのままじゃ、入学式になんて出られない。

ああ、どうしよう。

なんかソワソワしすぎて、頭が変になりそう。
なんてったって、竹刀袋に般若ですから。

（誉田哲也「武士道シックスティーン」より）

問一　［①］にあてはまる語句として最も適当なものを次から選び、記号で答えなさい。

ア　強く「はよ帰れ」サインを出している
イ　うすく「はよ帰れ」サインを出している
ウ　「はよ帰れ」サインを出したくない
エ　「はよ帰れ」サインはなかなか出せない

問二　［②］にあてはまる言葉を五字以内で本文中から抜き出して答えなさい。

問三　＝＝a「ちなみに」・b「それなりの」の意味として最も適当なものを次から選び、それぞれ記号で答えなさい。

a　ア　詳しく言うと　イ　わかりやすく言うと
　　ウ　ついでに言うと　エ　言い換えると
b　ア　ある程度の　イ　非常にすぐれた
　　ウ　名が売れるほどの　エ　周囲がほめたたえる

a［　］　b［　］

問四　――③「作業」とあるが、どのような作業か、十五字以内で答えなさい。

問五　――④「それは、ちょっと違う」とはどういうことか、具体的に四十字以内で説明しなさい。

問六　――⑤「私の方が本道じゃない？」に込められた思いとして最も適当なものを次から選び、記号で答えなさい。

ア　剣道は勝敗を争う競技ではないと本にも書いてあるし、勝敗に拘りすぎるのはおかしい。
イ　剣道は勝敗を争う競技ではないと本にも書いてあるのに、勝敗に拘らない私がおかしいのだろうか。
ウ　剣道は勝敗を争う競技ではないと本にも書いてあるし、絶対に勝敗に拘ってはいけないものだ。
エ　剣道は勝敗を争う競技ではないと本にも書いてあるのに、精神修養をなまけるのはおかしい。

問七　――⑥「竹刀袋を追いかけた」と同じ比喩表現が使われているものを次から一つ選び、記号で答えなさい。

ア　彼はまるできつねのようにずるがしこい性格だ。
イ　彼は草原をとおる道をスタスタと歩いて行った。
ウ　十五夜の丸い明るい月が私に語りかける。
エ　黒めがねが横から手を出してかばんを奪った。

問八　《A》～《E》にあてはまる文として最も適当なものを次から選び、それぞれ記号で答えなさい。同じ記号は繰り返し使わないこと。

ア　それにしたって変だ
イ　でも、異様に気になる
ウ　でも、なんとかしたい
エ　でも、なんか怖い
オ　まあ、わざわざ口には出さないけど

A［　］　B［　］　C［　］　D［　］　E［　］

3 次の文章を読んで、後の問いに答えなさい。（宣真高）

A夏になり、子どもが二歳の誕生日を迎える前に、夫と三人で海外旅行に出かけた。座席を使わず、膝の上に乗せて移動できるうちに、と。

行き先は、グアム。

抱っこされた子どものご機嫌はまずまずだった。三時間程度の空の旅を眠ってすごしてほしいと、①選んだのは夜の便。ご飯を食べ、おなかをいっぱいにしてから、飛行機に乗りこむ。子どもはすぐに、夫の膝の上でBだらんと口を開けて眠り始めた。

甲、飛行機が離陸して一時間ほどした頃、子どもが起きてしまった。一度気持ちよく寝てからの目覚めはご機嫌も最悪で、Cわあわあと声を上げて泣き始める。馴《な》れない飛行機にひょっとしたら耳が痛いのかも、と雑誌で読んできた対処法をaココロみたり、夫と二人で宥《なだ》めるも、効果がほとんどない。再び子どもが声量を少しずつ落として眠りにつくまでの間、bマワりに申し訳ない気持ちでいっぱいだった。夜の便だけあって、灯りを落とした暗い機内は、眠っている人も多そうだった。泣き止むまでの三十分が、②ものすごく長かった。

ようやくグアムに到着し、通路で飛行機から降りるのを待つ間、前後に乗っていたお客さんに、「うるさくしてすいませんでした」と頭を下げた。謝る、というのも、それはそれで「Ⅰ」という気持ちを押しつけるような気がして、躊躇《ためら》いながら、それでもⅠいたたまれなくて、謝った。するとその時、後ろに座っていた初老のご夫婦が、静かに「いいえ」とⅡを振った。乙「お疲れさまでした」と、私たちに浅く頭を下げてくれた。

驚く私たちに向け、「何歳なんですか?」とcタズねてくれる。子どもの顔を覗《のぞ》きこみ、「二歳くらいかなって、夫と話してたんですよ」と言ってくれるのを見て、③涙が出そうになった。答えると、「ほら、○○ちゃんとおなじくらいだ」と、二人で誰かの名前を話していた。

それ以上長くは話さなかったが、何かの記念旅行なのかもしれない。ひょっとしたら、同じくらいの子どもが身近にいるのかもしれない。

到着した南の島で、うちの子は初めて海に入った。浅瀬の砂と岩の感覚にⅡおっかなびっくりしながら、dトウ明な波を足に受けて、「きゃー」と笑う。白い砂を指の間に取り、「あ、あ」と座りこんでこっちを見る。目はずっと、波を追いかけていた。

太陽を受け、たゆたう※1波の光と色を見て、この美しさをどう表現したらいいだろう、としばらく迷った。小さな魚が、水面《みなも》の波の間をくぐるように泳ぐ様子に、この波はD線のようだ、と思ったことで、「波線」という言葉がすでにあることを思い出した。

この波の流れに「線」の形を見て、「波線」という言葉を最初に作った人がいる。おそらくは今の私と同じように、波と線という、はじめは違う場所にあったもの同士を結びつけた瞬間があった。これまで何気なくつかっていた言葉が、急に④特別なものに思えてくる。

その夜、日本から持ってきた組み立て式の紙のおもちゃを、子どもに折った。作り方の説明欄に、平仮名で書かれた「Ⅲ」の文字があって、その四文字が目のeスミでふっくら輝いていた。子どもとの初めての海外の思い出が、ほどけるようにその四文字に溶けていく。きれいな言葉だ、と改めて思った。

（辻村深月「図書室で暮らしたい」より）

【語注】※1　たゆたう（ゆらゆらと揺れ動いて定まらない。）

問一　波線部a「ココロみ」、b「マワり」、c「タズねて」、d「トウ明」、e「スミで」のカタカナ部分と同じ漢字になるものを、後の選択肢からそれぞれ一つずつ選び、ア～ウの記号で答えなさい。

a　ココロみ
ア　病気の全カイを祝う　イ　シ行錯誤を繰り返す
ウ　シン機一転巻き直す

b　マワり
ア　順番が一ジュンする　イ　カイ転ずしを食べる
ウ　校庭を一シュウする

c　タズねて
ア　家庭をホウ問する　イ　ジン常とは思えない
ウ　シツ疑応答の時間をとる

d　トウ明
ア　美しい絵画にトウ酔する　イ　電子レンジで解トウする
ウ　雨水が地下に浸トウする

e　スミで
ア　社会の一グウを照らす　イ　グウ数の番号を選ぶ
ウ　最高の待グウを受ける

問二　空欄［甲］・［乙］に当てはまる語として適当なものを、次の選択肢からそれぞれ一つずつ選び、ア～オの記号で答えなさい。

ア　または　イ　そして　ウ　だから
エ　けれど　オ　ただし

甲［　］　乙［　］

問三　二重傍線部A～Dで用いられている表現技法として最も適当なものを、次の選択肢からそれぞれ一つずつ選び、ア～オの記号で答えなさい。

A［　］　B［　］　C［　］　D［　］

ア　擬音（擬声）語　イ　擬態語　ウ　直喩（明喩）
エ　擬人法　オ　倒置法

問四　傍線部①について、「夜の便」を「選んだ」筆者の思いが述べられている部分を本文中から二十字程度で探し、その最初と最後の五字を、次の選択肢から選び、ア～エの記号で答えなさい。

ア　座席を使わ～きるうちに　イ　三時間程度～してほしい
ウ　馴れない飛～痛いのかも　エ　暗い機内は～そうだった

［　］

問五　傍線部②「ものすごく長かった」と筆者が感じた理由として最も適当なものを、次の選択肢から選び、ア～ウの記号で答えなさい。

ア　馴れない飛行機の旅でなかなか眠れなかったから。
イ　グアムに着くことが楽しみで待ち遠しかったから。
ウ　子どもが泣き止むまでずっと気をつかっていたから。

［　］

問六　空欄［Ⅰ］に当てはまるセリフとして最も適当なものを、次の選択肢から選び、ア～エの記号で答えなさい。

ア　みんなで乗り越えましょう
イ　謝ったから許してください
ウ　あなたたちも悪いんですよ
エ　私たちに注目してください

［　］

問七　空欄［Ⅱ］に当てはまる語として最も適当なものを、次の選択肢から選び、ア～オの記号で答えなさい。

ア　腰　イ　袖　ウ　首　エ　目　オ　足

［　］

問八　点線部Ⅰ「いたたまれなくて」とⅡ「おっかなびっくり」の意味として最も適当なものを、それぞれ後の選択肢から選び、ア～エの記号で答えなさい。

Ⅰ［　］　Ⅱ［　］

Ⅰ　ア　それ以上がまんできなくて
　　イ　どうしてよいか分からなくて

ウ　かわいそうで仕方がなくて
エ　痛くて痛くてたまらなくて

Ⅱ　ア　不安で気分がしずむようす
イ　楽しんで心が浮き立つようす
ウ　怖がってびくびくするようす
エ　哀しんでめそめそするようす

問九　傍線部③「涙が出そうになった」理由として最も適当なものを、次の選択肢から選び、ア～エの記号で答えなさい。［　　］

ア　初老の夫婦の身近に同じくらいの子どもがいると知りうれしかったから。
イ　初老の夫婦が眠れなかったことに申し訳ない気持ちでいっぱいになったから。
ウ　初老の夫婦が怒る様子もなく私たちに優しい言葉をかけてくれたから。
エ　初老の夫婦が怒りたい気持ちを無理におさえていることが分かったから。

問十　傍線部④「特別なもの」とはどのようなものか。次の選択肢から当てはまらないものを一つ選び、ア～エの記号で答えなさい。［　　］

ア　新鮮なもの　　イ　何気ないもの
ウ　きれいなもの　　エ　輝くもの

問十一　空欄［Ⅲ］に当てはまる語として最も適当なものを、次の選択肢から選び、ア～エの記号で答えなさい。［　　］

ア　たにおり　　イ　てんせん
ウ　きりとり　　エ　なみせん

4　次の文章を読んで、後の問いに答えなさい。（浪速高）

蓉《いるる》の家は二十四年続く人形町の和食屋『新居見《にいみ》』を㋐営んでいる。いくつもの名店で㋑シュギョウしてきた父が母と共に立ち上げたものだ。饒舌《じょうぜつ》な母は看板女将としても知られており、季節ごとに変わるこだわり抜いた父の料理と母の人柄目当てに、多くの人がこの店を訪れる。［①］メディアに取り上げられたり、グルメサイトで紹介されたりしたこともあって、②予約は常に数ヶ月先まで埋まっている状況だ。蓉の自宅は店の㋒トナリにある。

③部活を終えた蓉は、かばんを置くなりリビングのソファに倒れ込んだ。まだ七時過ぎなのにすでに眠い。というより、寝てしまいたい。今日は頭を使いすぎた。だけどついさっきまで食べていたから、このまま寝たら太ってしまう。最近の肉のつきやすさには頭を悩ませている。夏はそう遠くないし、そろそろ㋓痩せるレシピも考えなくてはいけない。そんなこんなも㋔メンドウくさい。蓉は全てを放り投げて、ソファの柔らかさに身を委《ゆだ》ねた。

今日の部活では、韓国料理を作ることになった。中間テストが来週にせまっているため、笹川先生と話し合って④メニューは手軽に作れるチヂミとナムルにした。

どちらも基本的なレシピ自体はそれほど難しいものではなく、チヂミは食材と生地を混ぜ合わせて焼くだけだし、ナムルは茹《ゆ》でた野菜をごま油と調味料で和えるだけ。ふたつとも簡単で失敗が少なく、それでいて食材の幅も広く自由度が高いので、レシピを考える楽しさを知るにはうってつけだった。

蓉を除く十八人の部員は――すでに新入生が七名退部した――五人、五人、四人、四人の四班に分け、四人のところに蓉と顧問が入ることでバランスを取った。生地の配合は各班で ⑤ になるように設定し、食材はチームで話し合って好きなものを選ぶというルールで調理にかかった。

チヂミを作る上で大事なことは食材と食感。なにを使って、どんな食感にするか。⑥ にならないよう、生地を混ぜる水の分量と焼き加減を、食材に合わせて計算することがポイントになる。ナムルには特に課題はないが、シンプルなだけに個性が出やすい。退屈なものにならないよう、工夫を期待したいところだ。

蓉たちが作ったチヂミは畑で採れたインゲンと豚ひき肉を合わせたもので、あとは人参のナムル。生地に鰹節《かつおぶし》を加え、⑦ 和風に仕上げた。他の班はこちらも畑で採れたほうれん草とチーズでキッシュのテイストを目指したチヂミとしめじのナムル、ズッキーニとたこのチヂミにトマトのタレを合わせたものとアスパラのナムル、オーソドックスにキムチベースに韓国海苔《のり》などを混ぜ合わせたチヂミと豆もやしのナムル、この三つだった。

どれも見た目はよかった。味も申し分ない。試食を始めると、部員たちはみんな満足げな表情を浮かべていた。しかしおいしいと言い合っているだけでは進歩しない。一通り食べ終え、最後に感想会を行う。まずは部長の蓉から口を開いた。

「えっと、私の思ったことを言わせてもらいます。まずほうれん草とチーズのチヂミについて。発想は面白いけど、食べてみるとキッシュ以上の魅力は感じられなかった。でもしめじのナムルの味付けはあっさりしていて、チヂミとのバランスもよかったです。ズッキーニとたこのチヂミが今日の中では一番よかった。ただ、ズッキーニとたこのサイズが気になった。二つとも同じ大きさでカットしていたけど、私ならズッキーニはスライスにして、たこはもっと細かくする。食材のサイズはとても重要なのにないがしろにされがちだから、これからはちゃんと意識してください」

初めはもっと褒《ほ》めて上げたほうがいいとわかっているのに、『ワンポーション』出場以来、審査員の考え方を意識する癖がついてしまって、ついきつい口調になってしまう。

「最後。さすがにキムチと海苔のチヂミは普通すぎる。もっと考えて楽しませてほしいし、これじゃ」

そう話している途中で、これを作った新入生が「あの」と口を挟《はさ》んだ。

「なに？」

「本格的なものを作ろうとしたんです。本場の韓国のレシピにならって、再現したつもりです。本格的じゃだめですか」

彼女の目は鋭かった。蓉は怯《ひる》みそうになるも、「そんなの、⑧いくらでも言えるよね」と言い返す。

「これほど簡単で一般的な料理を、『本格的』と思わせることがどれだけ難しいか、本当にわかってる？　そもそも私たちは本格的なものを知らないよね。少なくとも私は韓国に行ったことはないし、本物を食べたこともない。本格的と思わせるなら、食材や調味料、調理器具まで全て本場のものを使うくらいの意気込みじゃないと。もちろん、基本を知ることは大賛成だよ。でも言い方でごまかしちゃだめ。みんなも聞いて。私はここにいる全員にもっともっとチャレンジしてほしかった。みんなならきっと、もっと新しくてすごくいいものが作れるはずだから。だから絶対に料理を考えることをやめないで」

そう言い終えると、蓉は⑨途端に落ち込んだ。自分が言った言葉は、かつての自分に返ってくる。料理そのもので勝負せず、プレゼンでごまかし、「ガイドブック通りの旅行」と言われた自分が、同じような意見を述べ、偉そうに評価している。

　部員たちは黙り込み、質問をした彼女もうつむいたままだった。

「⑩部長、厳しすぎー」と恵未《めぐみ》がおどけて言うけれど、蓉はもう態度を変えられない。

「誰か、私たちの料理の感想、聞かせてほしいんだけど」

　そう尋ねても誰も手を挙げなかった。またも恵未が「蓉たちのチヂミは、なんかお好み焼きみたいだったー」とおちゃらけた調子で言ったが、誰も反応しなかった。

　楽しんでもらおうと思っていたのは嘘じゃない。みんなに『⑪ワンポーション』に出てもらいたいわけでもなかった。なのに、どうしても部員たちにも高い能力を要求してしまう。

　部を円滑に運営することが⑫部長として最も重要な責務なのに、無意識に自分のペアを探そうとしている。なんて＊傲慢《ごうまん》なんだろう。蓉はげんなりしながら、「今日はこれで終わりにします」と口にした。

　重たい身体をソファから引き剥《は》がすことができないまま、すでに三十分以上経ったころ、スマホがジジッとテーブルの上で揺れた。画面を見ると、ダイキからショートメールが届いていた。


（加藤シゲアキ「オルタネート」より）

※語注　＊傲慢…見下して礼を欠くこと。

問一　二重傍線部㋐～㋔のカタカナを漢字に直し、漢字はその読みをひらがなで記しなさい。

㋐　　㋑　　㋒　　㋓　　㋔

問二　①・⑤・⑥・⑦にあてはまる語として最も適当なものをそれぞれ次から選び、記号で答えなさい。

ア　べちゃべちゃ　　イ　ばらばら　　ウ　しばしば
エ　ほんのり　　オ　ゆったり

①　　⑤　　⑥　　⑦

問三　傍線部②「予約は常に数ヶ月先まで埋まっている状況」とありますが、客は何を求めて店にやってくるのですか。本文中から二十五字以内で抜き出し、最初と最後の三字を記しなさい。

最初　　～最後

問四　傍線部③「部活」とありますが、現在の部員数は何名ですか。算用数字で答えなさい。

問五　傍線部④「メニューは手軽に作れるチヂミとナムルにした」とありますが、この二つにした理由を解答欄に合うように四十字以内で答えなさい。

二つとも　　　　だから。

問六　傍線部⑧「いくらでも言えるよね」とありますが、どういうことですか。その説明として最も適当なものを次から選び、記号で答えなさい。

ア　「本格的」なチヂミのおいしさは、言葉では簡単に表すことができないということ。
イ　「本格的」なチヂミを作ることがどれだけ難しいのかを、わかっていないということ。
ウ　独創的なチヂミを作るのが大切なので、「本格的」なものは求めていないということ。
エ　工夫もない普通のチヂミを、「本格的」という言い方でごまかしていること。

問七　傍線部⑨「途端に落ち込んだ」とありますが、この時の蓉はなぜ「落ち込んだ」のですか。その説明として最も適当なものを次から選び、記号で答えなさい。

ア　昔、自分が指摘されたことを後輩に対して偉そうに話していることに気づいたから。
イ　厳しくすることでしか部員への思いを表現できない自分の不器用さに気づいたから。
ウ　自分とは違って、楽しく料理を作っている後輩たちの意識の低さに気づいたから。
エ　部員たちに楽しんでもらおうと選択したメニューが難しすぎたことに気づいたから。

問八　傍線部⑩「部長、厳しすぎー」とありますが、なぜ厳しくなってしまうのですか。その理由を含む一文を傍線部より前の部分から探し、最初の五字を記しなさい。

問九　傍線部⑪「ワンポーション」とありますが、これはどのようなものだと考えられますか。十字以上、二十字以内で考えて答えなさい。

問十　傍線部⑫「部長として最も重要な責務」とありますが、その「責務」が果たせていないことがわかる具体的な事実を本文中から十五字以内で抜き出しなさい。

5　次の文章は、自宅で絵画教室を開いている「実弥子《みやこ》」が、この教室に通う「ルイ」、「まゆ」、「ゆず」にお互いをモデルとして絵を描くという課題を出し、絵が描き上がった後、全員で鑑賞している場面です。これを読んで、問一～問五に答えなさい。（岡山県）

ルイが描いたまゆちゃんは、今にも絵の中から飛び出してきそうだった。細密に描かれた鉛筆の下書きの上に、慎重に絵の具が塗り重ねられていた。筆先を使って髪の毛や眉や睫毛《まつげ》が一本一本描かれ、瞳には淡い光がともっていた。まゆちゃんの顔によく似ていると同時に、その心の奥にある芯の強さを感じさせる。頰や指先、膝がしらには淡い桃色がかすかな青を滲《にじ》ませながら置かれていた。生き生きと血の通う、エネルギーの充《み》ちた子どもの身体なのだということを、実物以上に伝えているようだった。

「ルイくん、すばらしいね……」

実弥子は、ルイの絵のすばらしさを伝えるための言葉を探そうとしてうまく見つからず、口ごもった。

「わあ、すごい……。これが私……？」

「まゆちゃんに、にてる」

ゆずちゃんが、感心して言った。

「なんだろう、これ……。こんなふうに描いてもらうと、自分が今、ちゃんと生きてここにいるんだって、気がついた気がする……」

まゆちゃんがつぶやいた。ⓐ実弥子ははっとする。

ルイが、まゆちゃんをモデルに絵を描いた。ただそれだけの、シンプルなこと。でも、描かれた絵の中には、今まで見えていなかったその人が見えてくる。言葉では言えない、不思議な存在感を放つ姿が。ルイと希一、それぞれの母親がふと口にした「なんのために絵を描くのか」という問いの答えが、もしかするとこうした絵の中にあるのではないかと、実弥子は思った。

「ねえ、ルイくんって、何年生？」まゆちゃんが訊《き》いた。

「三年」

「うわあ、私より二コも下なんだあ。ⓑやだなあ、こっちは、見せるのはずかしすぎる」

　まゆちゃんが自分の絵を隠すように、覆いかぶさった。

「まゆちゃん、絵はね、描き上がったときに、描いた人を離れるんだよ」

　実弥子がやさしく言った。

「え？　離れる……？　どういうことですか？」

　まゆちゃんが、絵の上に手をのせたまま顔を上げた。

「でき上がった絵は、ひとつの作品だから、でき上がった瞬間に、作者の手から離れて、まわりに自分を見てもらいたいな、という意志が生まれるのよ。それは作品自体の心。描いた人の心とは別に、新しく生まれるの」

「……ほんとに？」

　まゆちゃんの眉が少し下がり、不安そうに数度まばたきをした。

「そうよ。たとえば、今ルイくんの描いたこの絵は、ルイくんだけのものだって思う？　ルイくんだけが見て、満足すれば、それでいいと思う？」

　実弥子の質問に、まゆちゃんは長い睫毛を伏せてしばらく考えた。

「そりゃあ、ルイくんの絵は、上手だから……みんなで一緒に見たいなあって思うけど……」

「まゆちゃんの絵も、みんなが一緒に見たいなあって思ってるよ」

　実弥子がそう言ったとき、ルイがその言葉にかぶせるように「見せてよ」と言った。

　まゆちゃんは、少し照れたような表情を浮かべて、ルイにちらりと視線を送ってから背筋を伸ばした。

「ⓒわかった。モデルのルイくんが見たいって言うなら、見せないわけにはいかないよね」

　まゆちゃんは、絵の上を覆っていたてのひらを滑らせるように引いた。画用紙の中には、こちらをじっと見据えてまっすぐに立つルイが現れた。

（中略）

「やっぱり、それほどでもないし、はずかしい」

　くるくると丸めた画用紙を、ルイがつかんだ。

「これ、ほしい」

「ええっ⁉」

　ⓓまゆちゃんが、目を丸くした。

「ほしいって……、私の、この絵が、気に入った、ってこと？」

　ルイが、こくりと頷《うなず》いた。

「そっか、それって、やっぱりまゆちゃんの絵が、とってもすてきだからだよね！」

　実弥子がまゆちゃんの肩に、ぽんと手を置いた。

「でも、みなさんの描いた絵は、それぞれ一度持ち帰って、お家《うち》の人に必ず見せて下さいね。そのあとで、どうするかはお母さんたちにも訊いて、みんなでよく相談して決めて下さい」

「相談ってことは、じゃあ、私の絵をルイくんにあげるかわりに、そのルイくんの絵を、私がもらったりしても、いいってこと？」

　まゆちゃんが、ローテーブルの上に広げられたままの、自分が描かれたルイの絵を見た。

「いいよ」

　ルイがさらりと返事をした。

ⓔまゆちゃんは、どきどきしてきた。ルイが描いた自分の顔が、自分を見ている、とまゆちゃんは思った。ルイが描いた自分。ルイが見ていた自分。自分が、他の人の目に映っているということを初めて知った気がしたのだった。

自分も、ルイを見て、描いた、とまゆちゃんは思う。よおく見ながら描いているうちに、なんとなく見ていたときには気付かなかったことが見えてきた。（中略）

顔には時間をかけてこだわって描いたけれど、身体の形はうまく描けなかった気がして、まゆちゃんは自信がなかった。でも、ルイにこの絵がほしいと言われて、ずいぶんうれしかった。自分も、ルイが描いてくれた自分の絵はとてもきれいだと思った。その絵が、ほしくなった、とても。なんだろう、この感じ。そこには、自分ではない人がいるようで、確かに自分がいる、とも思う。自分が、別の世界にいる……。

絵の道具を片づけながらまゆちゃんは、水に浮かんだゴムボートに乗ってゆられているような、不思議な心地がしていた。

（東《ひがし》　直子《なおこ》「階段にパレット」より）

(注)　希一――実弥子の夫。

問一　「ⓐ実弥子ははっとする」とありますが、その理由を説明した次の文の［X］、［Y］に入れるのに適当なことばを、［X］は十六字、［Y］は十字で、文章中から抜き出して書きなさい。

X ［　　　　　　　　　　　　　　　　］

Y ［　　　　　　　　　　］

実弥子は、まゆちゃんの「［X］」ということばを聞いて、絵に描かれた人物がその絵のなかで［Y］ことに気付き、これまで答えを見つけられずにいた絵を描くことの意味について、ヒントを得たように思ったから。

問二　「ⓑやだなあ……はずかしすぎる」から「ⓒわかった……いかないよね」までの場面の「まゆ」の心情を整理した【図】を見て、(1)、(2)に答えなさい。

【図】

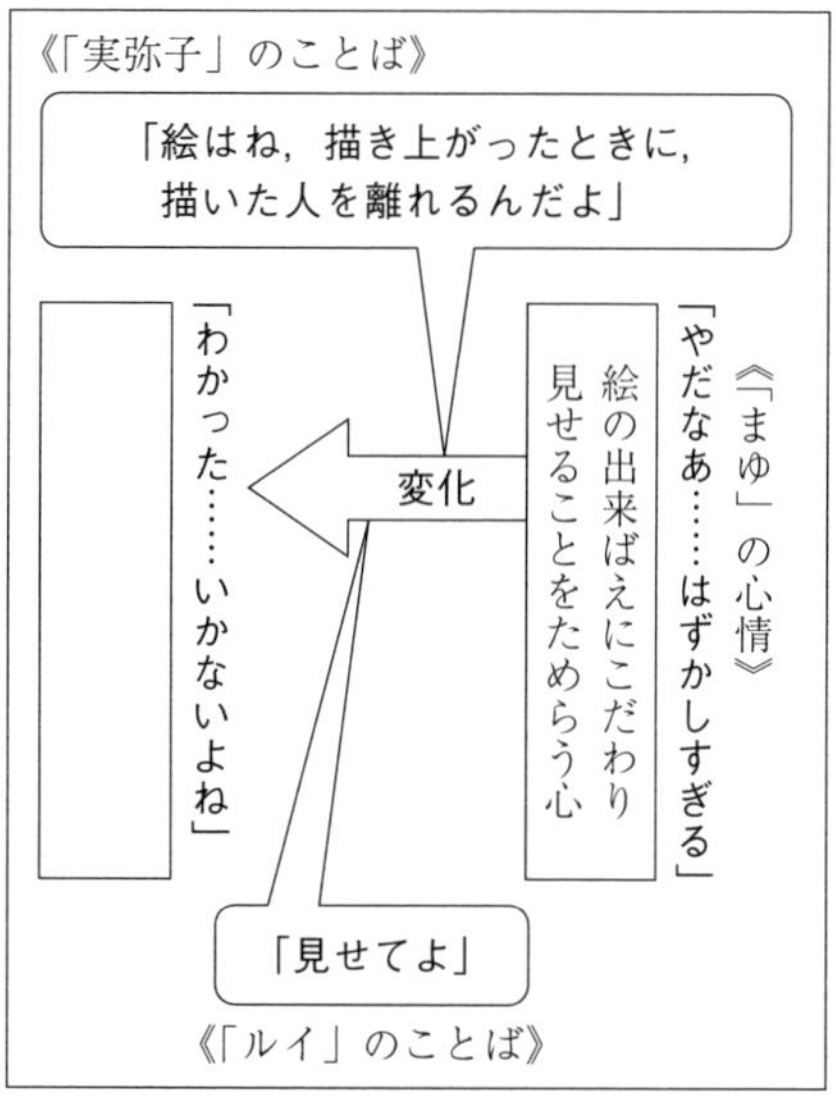
《「実弥子」のことば》
「絵はね，描き上がったときに，描いた人を離れるんだよ」
《「まゆ」の心情》
「やだなあ……はずかしすぎる」
絵の出来ばえにこだわり見せることをためらう心
変化
「わかった……いかないよね」
「見せてよ」
《「ルイ」のことば》

(1)　《「実弥子」のことば》に「絵はね、描き上がったときに、描いた人を離れるんだよ」とありますが、これがどういうことかを説明したものとして最も適当なのは、ア～エのうちではどれですか。一つ答えなさい。［　］

ア　絵は、その目的や出来ばえに関係なく、作品を見る人を和ませるものだということ。

イ　絵は、描かれた内容に関係なく、作者の個性が強く反映されるものだということ。

ウ　絵は、作者の意志に関係なく、鑑賞作品として人々を引きつけるものだということ。

エ　絵は、作品のテーマに関係なく、鑑賞する人が自由に解釈するものだということ。

(2)　【図】の［　　］に入れることばとして最も適当なのは、ア～エのうちではどれですか。一つ答えなさい。［　　］

ア　自分にはなかった考え方を受け入れてみようとする心
イ　自分の本心を打ち明けてみようとする心
ウ　相手の意図がどこにあるのかを慎重に探ろうとする心
エ　周囲の期待に率先して応えようとする心

問三　「ⓓまゆちゃんが、目を丸くした」とありますが、このときの「まゆ」の様子を説明した次の文の［　　］に入れるのに適当なことばを、十五字以内で書きなさい。

まゆが、自信がなかった自分の絵を［　　］様子。

問四　「ⓔまゆちゃんは、どきどきしてきた」とありますが、このときの「まゆ」の心情を説明したものとして最も適当なのは、ア～エのうちではどれですか。一つ答えなさい。［　　］

ア　ルイが描いた絵を自分に譲ってくれることに感謝しつつ、代わりに自分が描いた絵をルイに譲らなければならないことに緊張を覚えている。
イ　ルイを描いた自分の絵のなかに、何となく見ているだけでは気付けないルイの真の姿が表現されていたことがわかり動揺を隠せずにいる。
ウ　ルイを描いた自分の絵はよい出来ではなかったが、細部まで丁寧に描いた自らの努力をルイがちゃんと見てくれていたことに満足している。
エ　ルイの描いた絵から、自分が存在しているということや生きているということの気付きが得られたことを思い起こし気分が高揚している。

問五　この文章の表現と内容について説明したものとして最も適当なのは、ア～エのうちではどれですか。一つ答えなさい。［　　］

ア　まゆのことばから他者の目に映る自分を意識したことがわかるが、他者の視線を気にするあまり不安を募らせるまゆのあどけない様子が、比喩を用いて印象的に描かれている。
イ　まゆの言動から気付きを得た実弥子のことばによって、まゆも新たな気付きへと自然に導かれていく様子が、絵画教室に通う人たちの温かな人間関係とともに丁寧に描かれている。
ウ　ルイのことばによって、自分の描いた絵を他人に見せることへの恥ずかしさもすっかり消えたまゆの晴れ晴れとした気持ちが、実弥子やルイとの短い会話のなかに表現されている。
エ　ルイの非凡な才能を感じさせる作品から絵を描く意義を見いだし、自分も芸術家として優れた作品を描こうと決めた実弥子の覚悟のほどが、その回想場面に表現されている。

ニューウイング 出題率

国語 解答・解説

◇基本 国語の知識◇ (P.6～12)

〈解答〉

1 (1)衆知 (2)領域 (3)大勢 (4)腹案 (5)看破 (6)営み (7)幸い
(8)設け (9)直ちに (10)就く

2 (1)しぐれ (2)せけん (3)ぞうり (4)たび (5)けいだい

3 a、おもむ(か) b、しにせ c、へ(た) d、ふぜい
e、なめ(らか) (1)連載 (2)真剣 (3)指摘 (4)我慢 (5)漂(う)

4 (1)ゆる(やか) (2)なが(める) (3)よか (4)しんぴ (5)訪(れる)
(6)委(ねる) (7)推測 (8)往復

5 (1)ア (2)ア (3)イ (4)ア (5)イ

6 (1)エ (2)カ (3)ウ (4)イ (5)エ

7 十四(画)

8 イ

9 (1)採 (2)味 (3)統 (4)短 (5)頭

10 (1)イ (2)オ (3)ウ (4)エ (5)ア

11 (A群・B群の順に) (1)ウ・ケ (2)オ・コ (3)エ・カ (4)ア・ク
(5)イ・キ

12 (1)口、エ (2)会、イ (3)画、ア (4)体、ウ

13 (漢字・意味の順に) (1)腹・ウ (2)目・エ (3)歯・イ (4)耳・オ
(5)胸・ア

14 (1)オ (2)カ (3)ク (4)ア (5)ケ

15 (1)ア (2)ウ (3)オ (4)イ (5)エ

16 (1)ア (2)エ (3)イ (4)オ (5)ウ

17 (1)オ (2)ウ (3)エ (4)ア (5)イ

18 (文節) 7 (単語) 13

19 (主語・述語の順に) (1)イ・エ (2)なし・エ (3)ア・オ

20 (1)エ (2)ウ (3)イ (4)エ (5)ウ

21 (1)ウ (2)オ (3)イ (4)ア (5)コ

22 (A・Bの順に) (1)ウ・キ (2)ア・ク (3)イ・ケ

23 (1)ウ (2)エ (3)ア (4)エ (5)イ

24 (1)ア (2)ア (3)イ

25 (1)イ (2)ア (3)イ (4)ア (5)ア

26 (1)イ (2)ア (3)エ (4)ウ (5)オ

27 (上から順に) (1)1、3、2、4 (2)4、1、2、3、5
(3)1、5、3、2、4、6

28 エ

29 (1)(例) 世界の人口は、一九六〇年以降増加しているが、年平均増加率は一九七〇年以降減少している。(2)(例) 世界の人口はあと数年は増加するが、その後は減少に転じると予想される。

6 (4) アは十一画。イは十三画。ウとエは十二画。
(5) アとウは十五画。イは十四画。エは十六画。

8 行書の場合、糸へんの四～六画目は、左から右へ点を打つように書く。

18 (文節) 文を、発音や意味のうえで不自然にならないように、できるだけ小さく区切ったときのまとまりである。「走って／いる／うちに／疲れて／きた／彼は、／イギリス人だ。」と分けられる。
(単語) 意味をもつ最小の単位の語に区切ったときのそれぞれのことである。「走っ／て／いる／うち／に／疲れ／て／き／た／彼／は、／イギリス人／だ。」と分けられる。

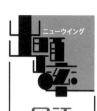

19
(1) 文末の「散歩だ」が述語なので、その主語に当たるものを考える。
(2) 文末の「流した」が述語に当たるが、誰が涙を流したのかは書かれていない。
(3) 文末の「知っている」が述語なので、その主体に当たる人物を考える。

20
(1) 「図書館で」したことを捉える。
(2) 「万一」と呼応する仮定の表現を捉える。
(3) 「さらに」がかかる動作を捉える。
(4) 「共同で」することを捉える。
(5) 「厳しい」がかかる体言を捉える。

21
(1) 活用のある自立語で、言い切りの形が「～い」となる語。
(2) 活用のない自立語で、用言を修飾する語。
(3) 活用のある自立語で、言い切りの形が「ウ段」の音で終わる語。
(4) 活用のない自立語で、主語にすることができる語。
(5) 活用のない付属語。

22
(1) 「ない」をつけると、直前の音が「エ段」の音になる。「て」が続いていることに注目。
(2) 「ない」をつけると、直前の音が「ア段」の音になる。「。」が続いていることに注目。
(3) 「ない」をつけると、直前の音が「イ段」の音になる。「こと」が続いていることに注目。

23
(1) 「ず」「ぬ」に置き換えられるので助動詞。他は「ず」「ぬ」に置き換えられないので形容詞。
(2) 推量の助動詞。他は意志の助動詞。
(3) 自発の助動詞。他は受け身の助動詞。
(4) 連体修飾格を示す助詞。他は主格を示す助詞。
(5) 「にぎやかだ」という形容動詞の一部。他は断定の助動詞。

24
(1) 「召し上がる」は「食べる」の尊敬語。
(2) 「なさる」は「する」の尊敬語。
(3) 「申し上げる」は「言う」の謙譲語。

25
(1) 「おっしゃられた」は二重敬語。「おっしゃった」が正しい。
(2) 「お会いしたい」「申して」は謙譲語なので、身内である「父」の動作に使うのは正しい。
(3) 「めしあがって」は尊敬語なので、身内である「母」の動作に使うのは誤り。「いただいて」「頂戴して」が正しい。
(4) 「うかがった」は謙譲語なので、自分の動作に使うのは正しい。
(5) 「拝見した」は謙譲語なので、自分の動作に使うのは正しい。

26
(1) 桜を見て楽しむ季節を考える。
(2) 家の出入り口にかざりの松を立てる季節を考える。
(3) 実った稲を刈り取る季節を考える。
(4) 「花火大会」といった行事が催される季節を考える。
(5) 「布団」に入るのが心地よい季節を考える。

27
一字戻って読む場合には「レ点」を、二字以上戻って読む場合には「一・二点」を用いる。

28
西さんは林さんの「皆さんに新しい本を紹介したり、図書室に特集コーナーを作ったりしています」という言葉に対し「それらの活動をする目的は何ですか」と理由を問いかけたり、その答えとなる「皆さんに一冊でも多く本を読んでもらうためです」に対して「そもそも、本を読むことにはどんな意義があるのでしょうか」と別の方面からさらに質問をしたりして、会話を広げている。

29
(1) 「人口」「年平均増加率」という二つの項目について、年代にも着目しながら推移を読み取る。
(2) 「年平均増加率」が減少していることから、今後の世界の人口について予想する。

◇1　論理的文章◇　（P.20〜38）

1

〈解答〉

問一、a、納得　b、繰(り)　c、到着　d、はいりょ　問二、エ
問三、イ　問四、ウ　問五、目
問六、1、無意味な　2、小ささ　3、膨大な　問七、演出　問八、原稿
問九、売りたい商品　問十、ウ

問二、「いいところばかりの人物だとは思わない」という前の内容と、「新商品を出すときのプレゼンテーションの姿」が印象的であったという後の内容に着目し、ジョブズについて相反する評価があることをおさえる。

問三、イの直前の「彼は自分をも見事に演出しきった」に着目し、入れる一文が具体的な「演出」内容になっていることをおさえる。

問四、「いいところばかりの人物だとは思わない」とする一方で、「新商品を出すときのプレゼンテーションの姿」が印象的であった、「彼は自分をも見事に演出しきった」などと述べている。

問五、「目に焼き付ける」は、忘れないようによく覚えておくこと。

問六、「普段はコイン入れにしか使えない小さなポケットから、小さな小さな機械を取り出した」ジョブズは、「一千曲も音楽が入れられる」という機能を持った「夢のような機械」だとアピールしている。

問七、「演出を考えない時点で売り込みの基本から外れている」とあることに着目する。

問八、「書き手」にとっての「もっとも大事な商売道具」を考える。

問九、ジョブズを例に挙げ、「演出」の大切さについて述べた後で、「営業マンなら売りたい商品をカッコよく見せるように考えなくてはならない」と指摘している。

問十、「演劇でいうなら、小道具をカッコよく扱う俳優はカッコいい」「野球選手ならグラブさばきの美しさが人気につながる」などといった具体例を挙げ、「どんな仕事であっても、何らかの道具は使う。その扱い一つで自分の見え方は異なる」と述べている。

2

〈解答〉

問一、a、はっき　b、はか(る)　c、独特　d、探究　e、雑音
問二、①イ　②エ　④ア　問三、A、ウ　B、ア　C、エ
問四、Ⅰ、b　Ⅱ、a
問五、言葉の意味のなかに互いに共有しているもの
問六、①エ　②イ　③エ
問七、言葉は一つひとつのことばが密接に結びついた一つのシステムだと言える(から)
問八、ウ

問三、A、これまでは「言葉は思想を表現するための単なる手段であると考えられていた」ことに反して、近年は「言葉がわたしたちの考えるという営みに深く関わっていることが意識される」ようになっている。B、「言葉のもっとも大きな役割」について、「言葉は多くの人に共有されて、はじめてその力を発揮します」と言い換えている。C、「システムのなかにない音」の例として、「そもそも言葉ではなく、理解の対象とはならない音」と「外国語」を並べて挙げている。

問四、Ⅰ、「ワンワン」「ドンドン」は、音や声をまねてつくった言葉。Ⅱ、「つるつる」「ねばねば」は、身ぶりや状態をそれらしく表した言葉。

問五、「この共有されている意味」とあるので、前で「言葉を使って他の人とのあいだで…互いに共有しているものがあるから」と述べていることに注目。

問六、「言葉で何かを表現しようとするとき」に「出来合いのことば」では「うまく表現できないということがしばしばあります」と述べた後、「雨に濡れたあじさい」の美しさを他の人に伝えるのは「困難」であるどころか「ほとんど不可能である」という例を挙げている。そして、「それでも、それをあえて表現しようとするとき」は、「既存のことば」に「何とか新しい意味を込めて」言い表そ

うとすると述べている。

問七、「なぜそれが机や椅子を意味しているとわかるのでしょうか」と改めて疑問をたて、「この問題を考えるためには…言葉全体を考える必要があるのではないかと思います」「言葉は一つひとつ…と言えるのではないかと思います」と考察を続けている。

問八、「雨に濡れたあじさい」の美しさを例に挙げ、これを他の人に伝えるのは「困難」であるどころか「ほとんど不可能である」と指摘している。それでも、「それをあえて表現しようとするとき」は、「既存のことば」に「何とか新しい意味を込めて」言い表そうとし、そうした方法で『無限な広がりをもつ『意味』に対応」しようと試みると述べている。

3

〈解答〉

問一、A、とたん　B、採用　C、延長　D、かんじん　E、つと　F、はあく　G、傾向

問二、次年度の企画を考える会議で、新コーナーの提案や既存のコーナーのリニューアル、出演者などについて会議の参加者と一緒に考え、アイデアを出し、議論を重ねながら最終的な落としどころへと導く活動。（同意可）

問三、アイデア　問四、Ⅰ、ウ　Ⅱ、ア　Ⅲ、イ　Ⅳ、オ

問五、次年度の番組企画のアイデア（同意可）

問六、会議の場で発言の機会を得てから「えーと」と考え始める人。（同意可）

問七、真面目風な人ほど、実は何も考えていないパターンが多いのです。

問二、企画会議では、参加者が「新コーナーの提案」「既存のコーナーのリニューアル」「出演者」などについて、アイデアを出し合い、「議論を重ねながら最終的な落としどころへと」導くと述べている。

問三、「…が提示されると」とあるので、この場で「出し続け」られているものをおさえる。

問四、Ⅰ、企画会議が「最終的な落としどころへと」導かれた後にも、さらに「エンチョウ戦」があると付け加えている。Ⅱ、前の段落では筆者が参加している企画会議について述べているが、読者に対して「日常的にこんな活発な会議が行われているでしょうか」と問いかけていることに着目する。Ⅲ、会議の場で「考えていない」人の特徴として「具体的なアイデアを出そうとしない」人に加えて、「発言の機会を得てから、『えーと、ですね……』のように考え始める人」を列挙している。Ⅳ、「本当に真面目なら、一生懸命アイデアや意見を出す」を、アイデアや意見を出さない人は「『真面目風』なだけで、真実は超不真面目」と言い換えている。

問五、次年度の企画のアイデアを出し合う「企画会議」が終わった後の「エンチョウ戦」の様子であることをおさえる。

問六、会議の場で「考えていない」人の特徴として直前で挙げた、「発言の機会を得てから、『えーと、ですね……』のように考え始める人」のこと。

問七、「長年教員を務めている」筆者が、学生の「話し方や話す内容だけでなく、表情からも思考レベルが不思議と読み取れる」経験を述べている部分を探す。

4

〈解答〉

問一、Ⅰ、オ　Ⅱ、ウ　Ⅲ、エ　問二、エ　問三、①ウ　②イ

問四、ア　問五、集中力のコントロールができること　問六、メリハリ

問七、ウ　問八、オ

問一、Ⅰ、「超一流の達人になる」ための「方法」についてはさまざまなエピソードがあるとした上で、「誰もが同じ道筋をたどるわけではない」と、いうまでもないことを改めて明示している。Ⅱ、「ある分野で…最も油の乗る時期」を「ピークに達する年齢」と言い換えている。Ⅲ、一〇代半ばに一流になる「天才」の存在を認めながらも、そのような「天才」は「非常に年少の頃」から進む道を決めるため、「一〇代半ば」にはすでに「一〇年間におよぶトレーニングの集中期間を経て」いて、「一〇年修行の法則」にあてはまると説明している。

問二、「紐解く」はもともと書物を読むことを表す。ここでは、知識を得て詳しくなるという意味で使われている。

問三、① 場所を表す格助詞「に」を使い、「一流と認められる」や「活躍できる」場を表していることをおさえる。② 「練習時の集中度」について、「一流の熟達者は極度に集中し…最大の時間、行っている」とし、労力が成果に結びつく方法をとっていることから考える。

問四、「熟達者」の「累積練習時間」が「アマチュア」の一〇倍となるグラフを選ぶ。

問五、「ほんとうに必要な集中力」は、「集中力の緩急をつけて…コントロールができることだ」と続いていることをおさえる。

問六、集中力に「緩急」をつけるのは、集中力をコントロールするためであることから、「達成度の高い熟達者の練習」で「高い集中度を保つ」ために、集中したり休んだりしていることを示す表現をおさえる。

問七、「練習時間と熟達のレベル」について述べているのは、エリクソンたちの「プロの音楽家」のランクと練習時間の調査を説明している部分である。

問八、この文章には「熟達者になる道筋にも共通点がある」こと、「一〇年修行の法則」と「天才」の関係、「熟達者」の集中力の高さ、「集中度が落ち」たときの対処などは述べられているが、芸術分野と学習の違いは説明されていない。

5

〈解答〉
問一、A、ウ B、イ C、ア D、エ
問二、「関係を切る」ことによる「便利」な生活(19字)(同意可)
問三、Ⅰ、客観的 Ⅱ、普遍性 問四、イ
問五、人間関係が希薄になった。(12字)(同意可)
問六、ボタン 問七、エ
問八、日本は「察し合う」のがベースだが、西洋は他人の考えを聞き、自分の考えをはっきり言う(という違い。)(41字)(同意可)
問九、ウ 問十、エ

問一、A、「現代は科学が発達し…うちの子を学校に行かせるようなボタンはないのですか」という相談を、「子どもを登校させる『科学的方法』はないのか」と言い換えている。B、「このような方法」の例として、「交通事故のときの保険など」を挙げている。C、「人間関係に伴う『わずらわしさ』から解放される」ことに対して、「それに見合うだけのお金は支払わねばならない」と補足している。D、「こうした関係はわずらわしい」一方で、「わずらわしさを捨てると人間関係は稀薄になる」という対立する事柄が続いている。

問二、「そこ」とあるので、前で「現代人は『関係を切る』ことによって『便利』な生活をしようと思いすぎていないだろうか」「われわれは孤独ではなく、便利に生きている」と述べていることに着目する。

問三、科学的方法について、「その方法の凄いところは、それが普遍性をもっていて…結果はちゃんと望みどおりに出て来ること」「科学・技術の方法は…客観的な『もの』として対象化することによって成立する」「自分から切り離したものとして観察し…普遍的な方法を生み出してくる」とくわしく続けている。

問五、「このような方法」とは、「自分から切り離したものとして…操作する」こと。その例として「交通事故のときの保険など」を挙げ、「人間関係のわずらわしさをお金で解決した」「これで万事うまく行っているだろうか…人間関係の稀薄さに悩んでいないだろうか」と述べていることをおさえる。

問六、「何でも解決できる」ものとして、この文章で登場しているものを探す。「しかし、お金をいくら積んでも子どもは登校しない」と続くので、ある父親からの「現代は科学が発達し…うちの子を学校に行かせるようなボタンはないのですか」という相談に着目する。

問七、「西洋の場合は…冷たさを埋める方法」を持つのに対し、「日本の個人主義は全くの利己主義」だと述べている。さらに、ヨーロッパは手紙や電話で「つながり」を持とうとするが、日本ではもともと「手紙や電話に頼らない」ので「これから、日本的なつながりも切れるし…全く冷たい人が出てくる恐れがあるわけです」と説明している。

問八、「日本は『察し合う』のがベースだ」「西洋人は他人の考えを聞き…はっきりという」と、それぞれについて説明している。

問九、冒頭で、「『関係を切る』ことによって『便利』な生活をしようと思いすぎていないだろうか」と問題を提起している。そして、ある父親の相談や西洋との違いをふまえて、「新しい〝つながり〟方をどうするか、大きい問題だと思います」「家族関係はもちろんのこと、どんな人間関係の中で生きるか、を考えなくてはならない」と意見を述べている。

問十、抜けている文は、「人間関係でゴタゴタした」「今では全員が公益費を払う…解決済み」という団地での具体例なので、「人間関係のわずらわしさをお金で解決した」と同じ内容をまとめているところに着目する。

6

〈解答〉

問一、(1)オ　(2)ア　問二、ウ　問三、エ
問四、集中していないと脳は「これが大事だ」という信号を受け取らず、長期記憶を作れないということ。（同意可）
問五、X、ウ　Y、イ
問六、新しいものへの人間の本能的な欲求を生み出すドーパミンは、新しい情報だけでなく新しい環境や出来事を得ても放出されるから。（同意可）

問一、(1)「祖先」と書く。アは「粗品」、イは「疎遠」、ウは「簡素」、エは「基礎」、オは「祖国」。(2)「維持」と書く。アは「繊維」、イは「威力」、ウは「意外」、エは「委任」、オは「容易」。

問二、人間が元々持つ「新しいものへの欲求」が、今は「パソコンやスマホが運んでくる、新しい知識や情報への欲求」となっていると述べていることや、「インターネット上のページの5分の1に…4秒以下しか留まっていない」と述べていることから考える。

問三、「長期記憶」を作るためには「脳細胞間に新しい繋がりを作らなければいけない」と述べ、そのためには「新たなタンパク質を合成しなければいけない」し、それだけではなく「新しくできた繋がりを強化するために…信号を何度も出さなければいけない」と説明していることに着目する。

問四、「集中せずに別のことを考えていた」ために「脳は、これが大事だという信号を受け取らず、鍵を置いた場所を記憶しなかった」という、「長期記憶」を作れない事例を挙げている。このことを受けて、「騒がしい部屋でテスト勉強するときにも言える」と述べ、「集中できないから脳は『これが大事』という信号をもらえないし…内容を覚えられない」と述べている。

問五、X、「インスタグラムやチャット」などが「間断なく脳に印象を与え続ける」という状況を、「絶えず新しい情報が…出せば」と言いかえているので、姿を現すという意味の慣用句を考える。Y、「デジタルな娯楽の間を行ったり来たりする」ことで「情報を効率よく取り入れている」と思うことについて、「情報がしっかり頭に入るわけではない」と否定していることから考える。

問六、人間には「新しい情報を探そうとする本能」があると述べ、その本能の裏には「ドーパミン」という脳内物質があり、「新しいことを学ぶと脳はドーパミンを放出する」「ドーパミンのおかげで人間はもっと詳しく学びたいと思う」と説明していることに着目する。また、「脳は単に新しい情報だけを欲しいわけではない。新しい環境や出来事といったニュースも欲しがる」と述べていることにも着目する。

7

〈解答〉

問一、a、悩（んだ）　b、けんち　c、触（れて）　d、ろぼう
e、さまた（げられず）　f、宿命　g、奇妙　h、た（えず）
問二、A、エ　B、ア
問三、学ぶことの根拠　Ⅰ、知識　Ⅱ、大人　Ⅲ、日々（または、毎日）
問四、（読み）いちごいちえ　（意味）ア　問五、ウ　問六、イ
問七、エ　問八、いわば～いる。　問九、人間が自由である証し
問十、学校　問十一、イ

問二、A、筆者は「もはや一人の人間として『勉強しなければならない理由』をあえて考えることはない」に対し、「皆さんはそうではない」と相反することを

述べている。B、「学ぶとは、ただ勉強することではない」ことについて、「学びにはもっと広い意味がある」ことに、「それは長い人生のうちで皆さんの年頃でしか直面できないような深い問題なのだ」ということを付け加えている。

問三、「なぜ学ばなければならないのか?」という問いかけに対し、筆者は「教師であり専門とする研究分野がある」という理由から「その見地から答えることはできる」が、「それに…そのものを教えることはできない」と述べている。Ⅰ、筆者はこの問いかけに対して、「そのものを教えることはできない…ないからだ」と理由を続けている。Ⅱ、「筆者のような」に注目。「学ぶことの根拠に直面している」のは「私のような」人間ではなく、「皆さん」であると述べている。Ⅲ、「皆さん」こそが、「生きている中」で「学ぶことの根拠」に触れていると述べている。

問五、ア・エは「努める」、イは「勤める」と書く。

問六、抜き出した一文に「あの鳥と僕はどこか違う」とあるので、「鳥」と「僕」の違いについて述べはじめている位置をおさえる。

問七、直後で、「周りには家族も友達も…いるが、『自分一人でここに生きている』という感覚」と続けていることから考える。

問八、「ズレを感じる理由」である「このこと」とは、直前の「人間は、鳥や魚と同じような意味では『自然（＝世界）』の中に生きていない」を指している。鳥や魚は「人間がするようには自分の住む世界を対象として捉えることがない」のに対し、人間の世界に対する捉え方をおさえる。

問九、「世界を絶えずつくり替えていかなければならないということ」を、「森を切り拓き、田畑をつくる」という例を挙げ、「これこそ人間だけが持っている…証しなのだ」とくわしく説明している。

問十、「自然を学んだ人間がつくり出したものを学ぶことが第二段階だ」とあるので、この「第二段階」にあたる「数学や物理学、工学」といったものを学ぶために必要なものを探す。

問十一、自分と世界の関係について、「自分ではどうしようもないシュクメイ的なズレ」を感じるもので、「実はこの感覚こそ…あらゆる未来の『種』を生み出す起点にほかならない」と筆者は述べている。

8 〈解答〉

問一、a、とぼ（しい） b、不毛 c、せんさい d、相応
問二、1、ア 2、イ 3、ウ
問三、大量生産・大量消費の加速（同意可） 問四、エ 問五、ア
問六、（ものを捨てることで、）簡潔な空間が作りだされ、そこにある道具を味わうことが可能になり、豊かな暮らしを取り戻せるから。（47字）（同意可）
問七、ウ

問二、1、前の「緊張ではなくゆるみや開放感こそ…という考え方も当然あるだろう」と、後の「だらしなさへの無制限の許容が…という考えは、ある種の堕落をはらんではいまいか」は相反する内容となっている。2、前で述べた「伝統的な工芸品を活性化するため」の「様々な試み」の具体例として、後に「現在の生活様式にあったデザインの導入」「新しい用い方の提案」を挙げている。3、前にある「よりよく使い込む場所がないと…暮らしの豊かさも成就しない」が、後に続く「僕たちは今…住まいのかたちを変えていかなくてはならない」の理由となっている。

問三、「大量生産という状況についてももう少し批評的になった方がいい」と述べ、「大量生産・大量消費を加速させてきた」要因として「企業のエゴイスティックな成長意欲」「消費者のイマジネーションの脆弱さ」を挙げている。

問四、段落末の「ものを用いる時に、そこに潜在する美を発揮させられる空間や背景がわずかにあるだけで、暮らしの喜びは必ず生まれてくる」の具体例として挙げている内容である。

問五、前で述べた「漆器にしても陶磁器にしても、問題の本質は…それらを魅力的に味わう暮らしをいかに再興できるかである」を受けての内容となる。漆器が売れないのは、漆器そのものの問題ではなく、「暮らし」に問題があるということ。

問六、「無駄なものを捨てて暮らしを簡潔にするということは、家具や調度、生活用具を味わうための背景をつくるということである」「よりよく使い込む場所がないと、ものは成就しないし、ものに託された暮らしの豊かさも成就しない」と述べていることをおさえる。

問七、［一］段落で、私たちがもので溢れた生活に慣れていることを述べ、［二］段落ではそれに対して「そろそろ僕らはものを捨てなくてはいけない」と、対立する内容を述べているので、アは不適当。［四］段落では「空間への気配り」が大切であることの例として「良質な旅館に泊まると、感受性の感度が数ランク上がったように感じる」ことを挙げ、［五］段落では「これは一般の住まいにも当てはまる」と、違う例でも当てはまることを説明しているので、イは不適当。［六］段落では「無駄なものを捨てて暮らしを簡潔にするということは、家具や調度、生活用具を味わうための背景をつくるということ」というまとめられた内容と、それについてグラスや漆器を取りあげた具体的な内容が述べられている。また、［七］段落では「ものを用いる時に、そこに潜在する美を発揮させられる空間や背景がわずかにあるだけで、暮らしの喜びは必ず生まれてくる」というまとめられた内容と、それについて「白木のカウンターに敷かれた一枚の白い紙」などの具体例を挙げている。［十］段落はそれまで述べてきたこと全てをまとめた結論となっているので、エは不適当。

◇2 古　典◇（P.40～60）

【例題一】

▲口語訳▼ 昔、大和の国の立田村に恐ろしい女がいて、まま子に十日ほども食物を与えないでいてから、一椀のご飯を見せびらかしながら言うには、「このご飯をあの石地蔵がもしも食べたら、おまえにも食べさせてやろう」と話すと、まま子はひもじさにがまんしきれなくて、石仏の袖にすがって、これこれと願ったところ、不思議なことだなあ、石仏が、大きな口を開けてむしゃむしゃとお食べになったので、さすがのまま母の角もぽっきりと折れて、それからは自分が産んだ子どもと隔てなく養育するようになったという事である。その地蔵菩薩は今もあって、折々の供え物が絶えないということである。

藪の中の仏にもぼた餅が供えられ、春の風に吹かれている　一茶

【例題二】

▲口語訳▼ 昔、元正天皇の時代、美濃の国に貧しく身分が低い男がいた。年老いた父がいたが、この男は、山の木草を採って、それを売って父を養っていた。この父は、朝夕に人並みはずれて酒を飲みたがったので、（男は）ひょうたんというものを腰に下げて、酒を売っている家に行って、いつも酒を求めて父を世話していた。ある時、山に入って薪を採ろうとしたときに、苔が深く生えていた石に滑って、うつぶせに転んでしまったが、酒のにおいがしたので、意外なことで不思議に思って、そのあたりを見ると、石の中から水が流れ出ている所があった。その色が酒に似ていたので、汲んでなめてみると、すばらしい酒だった。うれしく思って、その後は毎日これを汲んで一心に父を養った。

そうしたときに帝が、このことをお聞きになって、霊亀三年九月に、その場所にお出かけになって、そこをご覧になった。「これは言うまでもなくこの上ない孝養ぶりのため、天神地祇が心を動かされて、その徳をあらわしたのだ」と感動なさって、（のちにその男を）美濃守に任命なさった。（男の）家は豊かになって、ますます孝養の心は深まった。その酒が出た場所を養老の滝と名づけられた。このことによって、同じ年の十一月に、年号を養老と改められたということである。

【例題三】

▲口語訳▼ 筑紫に、何とかの押領使などという者がいたが、土大根を全てのものによい薬であるといって、毎朝二つずつ焼いて食べるのが、長年になっていた。ある時、館の中に人が居ない隙をねらって、敵が襲って来て囲んで攻めたところ、館のなかに兵が二人出てきて、命を惜しまず戦って、（敵を）皆追い返してしまった。たいそう不思議に思われて、ふだんここにいらっしゃるように見えない人々が、このように戦ってくださるとは、どのような人なのかと聞いたところ、（兵は）「長年頼りにして、毎朝召し上がっていた土大根らでございます」と言って消えてしまった。

深く信仰すれば、このような徳もあるのだった。

【例題四】

▲口語訳▼ 堀河院の御代に、勘解由次官の明宗という、とても優れた笛吹きがいた。たいそう気が弱い人である。（堀河）院は、笛をお聞きになりたいと思って、お呼びになった時、（明宗は）帝（＝堀河院）の御前（にいる）と思うと、気後れして、震えてまったく吹くことができなかった。

帝は残念に思われて、（明宗と）仲の良い女官におっしゃって、「（明宗を）こっそりと坪庭に呼び出し、（笛を）吹かせなさい。私は、物陰からそっと聞いていよう」とご命令があったので、月夜に、話して約束し、吹かせた。「女官が聞く」と思うと、気がねすることなく思うように吹いた。世に匹敵するものもなく、すばらしかった。

帝は、深く感動しておこらえになることができず、「常日ごろ、上手とは聞いていたけれども、これほどまでとは思っていなかった。とてもすばらしいなあ」と言葉にお出しになったので、「それでは、帝がお聞きになっていたのだ」と、急に気後れして、動揺しているうちに、縁先から落ちてしまった。（そのため、明宗は）「安楽塩」というあだ名が付いてしまった。

1

〈解答〉

問一、(a)やわら　(c)ちらん　問二、(b)エ　(d)イ　問三、①ウ　④ウ
問四、②児　③僧　問五、係り結び〔の法則〕　問六、エ
問七、ア、惜しい(または、悲しい)と思う　イ、被害を受けはしないか
(または、実がつかないのではないか)(それぞれ同意可)
問八、ウ

問一、(a) 語頭以外の「は・ひ・ふ・へ・ほ」は「わ・い・う・え・お」にする。(c) 助動詞に含まれる「む」は「ん」にする。

問二、(b) この「なり」は、「…である」という意味を表す断定の助動詞。(d)「ず」は、「…ない」という意味を表す打ち消しの助動詞。

問三、① 見事に、素晴らしく、という意味。形容詞「めでたし」の連用形。④ 動詞「うつろふ」の連用形で、ここでは花が「散る」という意味。

問四、②「児さめざめと泣きける」とあるので、「児」が主語になる。③ 子どもが泣いているのを見て、近寄っている人物。

問五、「さのみぞ候ふ」の「ぞ」は強調の係助詞。「候ふ」が結びで、連体形になっている。

問六、「うたてし」は「がっかりする。情けない」などの意を表す形容詞。子どもが泣いている理由を聞いて、自分が思っていたような理由とはかけ離れていたのでこのように感じている。

問七、ア、僧は子どもに「この花の散るのを惜しうおぼえさせ給ふか」と問いかけている。イ、「麦の花の散りて、実の入らざらん」ことを心配しているとあるので、子どもは父の育てた麦が風のせいで不作になることを憂いている。

▲口語訳▼　これも今となっては昔のことだが、田舎の子どもで比叡山延暦寺に登って（修行をして）いた子が、桜が見事に咲いていたときに、風が激しく吹いたのを見て、この子どもがさめざめと泣いていたのを見て、僧がゆっくり近寄って、「なぜこのようにお泣きになるのか。この花が散るのを惜しくお思いなのか。桜ははかないものであって、このようにすぐに散るのです。でも、ただそれだけのことです」と慰めたところ、「桜が散るのはどうするわけにもいきません、つらくありません。私の父が作っている麦の花が散って、実が入らないだろうことを思うのがつらいのです」と言って、しゃくりあげて、おいおい泣いたので、（僧は）がっかりした。

2

〈解答〉

問一、i、やんごとなかり　ii、むかいて　問二、陰陽(道)　問三、ア
問四、イ　問五、エ　問六、オ

問一、i、助動詞に含まれる「む」は「ん」にする。ii、語頭以外の「は・ひ・ふ・へ・ほ」は「わ・い・う・え・お」にする。

問二、「陰陽師に随ひて」習った「道」であることに着目する。

問三、すぐ前の、「晴明若かりける時、師の忠行が…行きける供に」を受けている。

問四、「えもいはず」の「え〜ず」は、「〜できない」という不可能を表す呼応の副詞。「いは」は、「言ふ」の活用形。また、鬼たちが来たのを見た忠行が、陰陽道の「術法」を使って「我が身をも恐れなく、供の者どもをも隠し」ているので、この鬼は人が変装したものではなく本物。

問五、すぐ前に、忠行が「術法をもつて…我が身をも恐れなく、供の者どもをも隠し」とある。鬼たちに自分たちの姿を見えなくしたことから考える。

問六、ア・イは鎌倉時代、ウは江戸時代、エは奈良時代。

▲口語訳▼　今となっては昔のことだが、天文博士の安倍晴明という陰陽師がいた。昔の人に比べても劣らない、優れた人物である。幼い頃、賀茂忠行という陰陽師に師事して、昼も夜もこの道（陰陽道）を習ったところ、まったく気がかりなことがなかった。

　さて、晴明が若かった頃、師匠の忠行が現在の京都市左京区の辺りへ夜の外出をしたお供に、徒歩で牛車の後ろについて行った。忠行が、牛車の中で深く寝入っていたときに、晴明が見たところ、何とも言いようがないほど恐ろしい鬼たちが、牛車の前方に向かって来た。

　晴明はこれを見てびっくりして、牛車の後ろに走り寄って、忠行を起こして

告げたところ、その時に忠行ははっと目を覚まして鬼が来たのを見て、（陰陽道の）術法を使ってすぐさま自分の身の危険をなくし、お供の者たちをも（鬼の目から）隠し、何事もなくやり過ごした。

その後、忠行は、晴明を手放すのは惜しいと思って、陰陽道を教えることは瓶の水を移すよう（に丁寧）であった。それでついに晴明は、この道において公私にわたって用いられて、たいそう優れていた。

3

〈解答〉

問一、もうでて　問二、ウ　問三、月の光（同意可）　問四、エ

問一、「au」は「ô」と発音するので、「まう」は「もう」にする。

問二、同じ動詞を重ねた間に「に」を用いると、ただもう、どんどんといった意味になる。

問三、「月の窓より洩りたりし」とあることに着目する。

問四、月の光が衣の上に白く映っているのを見て「いみじうあはれ」と思った筆者は、「さやうなるをりぞ、人歌よむかし」と述べている。

▲口語訳▼　九月二十日くらいのことであったが、長谷寺に参詣して、とても粗末な家に泊まったが、たいへん疲れていたので、すぐにぐっすりと寝てしまった。

夜が更けて、月の光が窓から入ってきて、他の人たちがかぶっている衣の上に、白く映っていたのを見て、たいそうしみじみとした趣きを感じた。そんな時にこそ、人は歌をよむものなのだなあ。

4

〈解答〉

問一、イ　問二、A、イ　B、オ　問三、ウ　問四、エ　問五、エ
問六、ア　問七、最愛の～折る。　問八、イ　問九、オ　問十、イ・ウ

問一、「漢」は古代中国の王朝名。

問二、A、僧に対する言葉で、一般の人のことを指す。B、「駿」は脚の速さを表す。

問三、「いづち」は「何方」「何処」と書き、どこという意味。「ぬ」は完了の助動詞。

問四、文末の「らむ」は連体形なので、係り結びの法則で文末を連体形にする係助詞が入る。また、直後で同じ表現を繰り返していることをおさえる。

問五、「歎く」は「悦ぶ」の対義表現で、「か」は疑問を表す係助詞。

問六、馬を失い、隣人に見舞われても、「憂へ悦ぶ事」をしなかった人物を考える。

問七、人がまた訪ねてきて「この御馬の出来る事を、御悦びと思ひたれば、御歎きにこそ」と言っていることに着目し、このように言わせた原因となる出来事をおさえる。

問八、「最愛の子、この馬に乗りて遊ぶほどに、落ちて臂を打ち折る」という出来事に着目する。この出来事のおかげで、「天下に大乱起こりて、武士多く向ひて滅びける」中、この子は戦に向かわなくてすんだことをおさえる。

問九、人生における幸不幸は予測できないものだということ。アはつじつまが合わないこと。イはなくてもよいむだなもののこと。ウは素性のはっきりしない者をあざけっていう語。エはめったにないよい機会のこと。

問十、アは、北叟の子がけがをしたのはひじなので合致しない。イは、「天下に大乱起こりて、武士多く向ひて滅びける」とあるので合致する。ウは、北叟について「事にふれて憂へ悦ぶ事なし」と述べているので合致する。エの内容についての記述はない。オは、もともと飼っていた馬が駿馬を連れてきたので合致しない。

▲口語訳▼　昔の中国に、北叟という一般人がいた。何かあるたびに悲しんだり喜んだりすることはなかった。ある時、ただ一頭だけ飼っていた馬が、行方がわからなくなった。隣人が、見舞いに訪ねたところ、「はてさて、喜ぶべきことでしょうか。悲しむべきことでしょうか」と言った。

そうしているうちに両三日がたち、天下にこれほどのものはないというような脚の速い馬を、連れて馬がもどってきた。人がまたやってきて、「お悲しみかと思っていたら、さぞお喜びでしょう」と言うと、また、「これも悲しむべきことでしょうか、喜ぶべきことでしょうか」と言って喜ばない。

最愛の子が、この馬に乗って遊んでいたところ、落ちてひじを骨折した。人がまた訪ねてきて、「この馬がやってきたことを、お喜びになっていたと思った

が、さぞお悲しみでしょう」と言うと、また、「これも喜ぶべきことでしょうか」と言って、悲しまないでいると、天下に大乱が起きて、武士が大勢戦に出て命を落としたが、この子は、体が不自由であったために命が助かった。

5

〈解答〉

問一、a、おしめども　b、こいのぞむ　c、もとのように
問二、ア　問三、イ　問四、エ
問五、⑴係り結びの法則　⑵汝、われに～帰り住まむ　問六、イ

問一、a、助詞以外の「を」は「お」にする。b、語頭以外の「は・ひ・ふ・へ・ほ」は「わ・い・う・え・お」にする。c、「au」は「ô」と発音するので、「やう」は「よう」にする。

問二、「ず」は打ち消しの助動詞。「ぬ」は完了の助動詞。

問三、「住みわびて」という理由で夫と離縁した人物。

問四、呂尚父から「離れ」ていった妻が、呂尚父が「王の師」となって富み栄えたときに帰って来て、「こひのぞむ」ことを考える。

問五、⑴「ぞ・なむ・か・や」という係助詞に呼応して結びが連体形に、「こそ」という係助詞に呼応して結びが已然形になる修辞法。⑵発言を表す、「呂尚いはく」とあることに着目する。

問六、一度離縁しておきながら「もとのごとくあらむ」と望む妻に、呂尚父は「汝、われに縁尽きしこと、桶の水をこぼせるに同じ。いまさら、いかでか帰り住まむ」と言っている。このことをふまえ、離縁した夫婦の仲と同様に、もとどおりにならないという意味のことわざを考える。ウは、同類は自然に集まるということ。エは、基礎のしっかりとしたものは簡単に滅びないということ。

▲口語訳▼　朱買臣は、学問の才能は豊かであったが、家は貧しかった。長年連れ添った妻は、いっしょに暮らすのがつらくなって、離縁してほしいと言ったが、「あと一年待ってくれ」と（妻を）慕って別れることを拒んだが、（妻は）聞かないで別れて去った。その翌年、朱買臣が、故郷の会稽の守となって（任地に）赴いた時、別れた妻は、その国の者の妻となっていて、朱買臣と再会してしまったことを、恥じて悲しみ、気を失ってそのまま死んでしまったということである。

呂尚父の妻は、（朱買臣の妻と）同じように夫と暮らすことがつらくなって、家を出て行った。呂尚父が、王の師となって、大変に富み栄えていた時、出て行った妻が、帰ってきて、元のように夫婦に戻ることを願い出た。その時に、呂尚父が、桶を一つ持ってきて、「これに水を入れなさい」と言うので（妻は）言われるままに水を入れた。（そして）「こぼしてみなさい」と言うので、こぼした。そこで（呂尚父が）、「元のように（水を桶に）戻してみなさい」と言ったので、妻は笑って、「土にこぼしてしまった水を、どうして戻すことができましょうか」と答えた。呂尚父は、「あなたが、私と離縁したことは、桶の水をこぼしたのと同じこと。いまさら、どうして元のようにいっしょに暮らすことができようか」と言った。

これらのことは、嫉妬ではないが、貧しい生活に耐えられず、情が浅くなっている類い（の出来事）である。

6

〈解答〉

問一、蛇　問二、イ　問三、くわえ　問四、エ
問五、1、自分の手には負えない　2、鷲に助けを求めた（それぞれ同意可）

問一、鶴をねらって「巣」に近づいているものを指す。

問二、雛を助けたいと思って騒いでも「せん方なし」で、「あはれいかが」とはらはらしながら見ているしかない様子を表現している。

問三、語頭以外の「は・ひ・ふ・へ・ほ」は「わ・い・う・え・お」にする。

問四、「蛇の首をくはへ」て飛び去ったものをおさえる。

問五、1、親鶴は、「其の身の手に及ばざる」ということをさとっている。2、「同類の鷲を雇ひ来たりし事」を評価している。

▲口語訳▼　雛もずいぶんと成長して首を並べて巣の中で並んでいる様子を、望遠鏡で眺めていたが、ある時その松の根元から、ずいぶん太くて黒いものが次

第にその木を登る様子を見て、「蛇の一種だろう。そのまま巣に登って鶴をとって食うのだろう。あの蛇を止めさせよ」と人々が申して騒ぐがどうしようもない。その時、二羽の鶴のうち、一羽が蛇を見つけた様子であったが、大空へ飛び去った。「ああ、どうしたことか、雛がとられそうだ」と手に汗してじっと眺めていたが、早くもあの蛇も梢の近くまできて、ああ、危ないと思う頃、一羽の鷲がはるか遠くから飛んで来て、その蛇の首をくわえて、帯を下げたように（ぶら下げて）空中を帰っていくと、親鶴が間もなく帰って、雌も雄も巣に戻って来て、雛を養ったということだ。鳥類ではあるが、自分の手に負えないことを察知し、同類の鷲を使ってきたことは、鳥類の思慮深いことであったと語った。

7

〈解答〉

問一、唐人　問二、おおかた　問三、ア　問四、ウ

問一、この言葉は、「歯一つ取るには、銭二文に定めたる」にも拘わらず「ある在家人」から「一文にて取りてたべ」と言われ、その「心様の憎さ」に対して返したものなので、この「歯一つ取る」という仕事をする者が発した言葉である。

問二、語頭以外の「は・ひ・ふ・へ・ほ」は「わ・い・う・え・お」にする。

問三、「在家人」の要望は「歯一つ取るには、銭二文に定めたる」という決まりに対して「一文」で取ってもらうことで得をしたいということであり、それに対して唐人は「ふつと、一文にては取らじ」と返している。なので「在家人」は「二つ取らせて、三文取らせつ」としたことで、歯一本につき二文ではなく一文半を支払う形にしており、「心」では「利分」を得ると考えたのである。

問四、「在家人」が「歯一つ取る」代金を「銭二文」ではなく一文半としたことで、「利分」を得た気分になってはいるが、結果的に「疵なき歯を失ひぬる」という「大きなる損」をしている。

◆口語訳▼　南の都に、歯を取る技術を持っている唐人（唐から渡来した人）がいた。とある出家していない庶民で、けちで貪欲で、利益を優先し、事あるごとに、損得を考える商売根性ばかりあり、財産も持っている者が、虫歯を取らせようとして、この唐人のところへ行った。歯を一つ抜くには、銭二文だと代金が決まっているのを、この庶民は「一文で抜いてくだされ」と言う。ほんのわずかな金額なので、ただでとってもよいのだが、その考え方の愚かしさに、唐人は「絶対に一文では抜かない」と言う。少しばかり長く口論した結果、全く取らないということで、その庶民は「そういうことなら三文で、歯を二つ抜いてくだされ」ということで、虫歯になっていない健康な歯を合わせて、二つの歯を抜かせて、三文を受け取らせた。気持ちのうえでは、もうけと感じたかもしれないが、傷のない歯を失っているのは、大きな損になっている。これは言うに及ばず、大いに愚かなことというのは、おこがましいことである。

8

〈解答〉

問一、a、えもいわず　b、いみじゅう　問二、①エ　③ウ
問三、②ア　⑤イ　問四、貫之（または、土佐守）　問五、イ　問六、ウ
問七、エ

問一、a、語頭以外の「は・ひ・ふ・へ・ほ」は「わ・い・う・え・お」にする。
b、「iu」は「yû」と発音するので、「じう」は「じゅう」にする。

問二、①「七つ八つばかりの子」への「限なくかなしうしける」という愛情が描かれているので、子どもの愛らしい様子を意味する。③子どもを失った貫之が嘆き悲しんでいる期間を意味する。

問三、②我が子が亡くなり、悲しみ落胆する様子を描いている。「病づく」は、病気になることを意味する。⑤子どもが生きていた時のことを思い出している。

問四、「土佐守」として京から「下りて」いたが、「任果ての年」になったので、京に「上りなん」とする人物が主語である。

問五、Xは、歌の末尾なので終止形が入る。Yは、「歌なん」と、係助詞「なん」があるので、係り結びの法則で文末は連体形になる。

問六、貫之は、「土佐守」として京から下っている時に、「七つ八つばかりの子」も病気で亡くし、「泣き惑ひて…思ひこがるる程」になり、月日が経っても「児のここにて…いみじう悲しかりければ」という心情でいる。

問七、アは、大伴家持が中心になって編纂。イは藤原定家の歌集。ウは源通具、藤原定家、藤原家隆などが編纂。

▲口語訳▼ 今となっては昔のこと、貫之は土佐の国司になって、任地に下っていたが、任期が終わる年に、七つか八つぐらいの子で、何とも言いようのないほどかわいいのを、この上なく大切にしていたが、（この子が）いろいろと病気になって死んでしまったので、（貫之は）涙がこみ上げて、病気になってしまうほど悲しい思いをしながら、数か月が経ってしまい、こうしてばかりもいられない、都へ帰ろうと思ったが、子どもがここでこんなことをしていたなあなどと、思い出されて、ひどく悲しかったので、柱に書きつけた。

　都に帰ろうと思えば思うほど悲しくなるのは、一緒に帰れない人がいるからです

と書きつけた歌が、今でも残っている。

9

〈解答〉

問一、A、もうけ　B、おもい　C、かよう　D、いずかた
問二、①ア　③ウ　問三、ウ
問四、（初め）はや十二三（～終わり）も人ならず
問五、親にもかや

問一、A、「au」は「ô」と発音するので、「まう」は「もう」にする。B、語頭以外の「は・ひ・ふ・へ・ほ」は「わ・い・う・え・お」にする。C、「au」は「ô」と発音するので、「やう」は「よう」にする。D、「づ」は「ず」にする。

問三、「なき子を祈り申すに、大明神あはれとおぼしめして」とあり、その結果、おばあさんが「ただならず」となったことをおさえる。

問四、生まれたときに「背一寸」であった一寸法師が、「十二三」になってもその「背」が「人ならず」といったありさまであったことに着目する。

問五、「あの一寸法師めを、いづかたへもやらばやと思ひける」という両親の話を聞いた一寸法師は、「親にもかやうに思はるる」ことを口惜しく思い、「いづかたへも行かばや」と望んでいる。

▲口語訳▼ そう遠くない昔のことであるが、摂津の国の難波の里に、年老いた男と女が居た。おばあさんは40歳になるまで、子どもが出来ないことを悲しみ、住吉大社に参拝し、子どもが出来るよう祈っていたところ、大明神がかわいそうに思われて、41歳にもなるのに、（おばあさんは）身ごもったので、おじいさんは、この上なく喜んだ。そうして、十月となったとき、かわいらしい男の子を出産した。しかしながら、生まれおちたときに、背丈が一寸あったことから、そのまま、その名を、一寸法師と名づけられた。

　年月を重ねて、早くも十二、三歳になるまで育てたけれども、背丈も普通の人のようにならず、（おじいさんとおばあさんが）つくづく思ったことは、ただの人間ではなくて、ただ化物のようなやつではあるということで、自分たちに、どんな罪があってその報いとして、このような者を、住吉の明神が授けられたのだろうか、嘆かわしいことよと、見た目も気の毒なほどに嘆いていた。夫婦が思うことには、あの一寸法師のやつめを、どこへでもやってしまいたいものだと思うと話していたのだが、すぐに、一寸法師は、この事を知って、「親にもこんなふうに思われるのも、残念な次第であるよ、どこへでも行きたいものだ」と思い、刀がなくては何かと困ると考え、針を一本おばあさんに願ったところ、（おばあさんは）取り出して一寸法師に与えた。

10

〈解答〉

問一、こちょうし　問二、イ　問三、ウ
問四、今はうたがひなく殺されなむず　問五、宗と　問六、ア
問七、イ

問一、「eu」は「yô」と発音するので、「てう」は「ちょう」にする。

問二、用光の篳篥を聞き終えた海賊は、「君が船に心をかけて、寄せたり」と言っている。

問三、「さること」は指示語なので、用光が「今は沙汰に及ばず…こてうしといふ曲、吹きて聞かせ申さむ」と言っていることに注目。

問四、海賊に襲われて、篳篥を吹けるのはこれが最後だと思っているので、用光

が命の危険を感じているところを探す。

問五、「あの党や」という用光の呼びかけに、「主たち…かくいふことなり。もの聞け」と指示した人物をおさえる。

問六、Ⅰでは、用光が「今はかぎり」と思って「めでたき音」を吹いている。Ⅱでは、「曲の声」を聞いた者たちが、篳篥の音色に涙していることから考える。

問七、用光が「こてうしといふ曲、吹きて聞かせ申さむ」と言ったことに対して、首領が「主たち、しばし待ち給へ…もの聞け」と言ったので、海賊たちは船をおさえて静かにしている。

▲口語訳▼ 和邇部用光という音楽家がいた。土佐の御船遊びへ行って、京へ戻るときに、安芸の国、なんとかという港で、海賊が押し寄せてきた。（用光は）弓矢を取り扱うことが出来ないので、防いで戦う力がなくて、今は疑いなく殺されるだろうと思って、篳篥を取り出して、船の屋形の上にのぼって、「連中どもよ。今はあれこれ言っても始まらない。早くなんでも取りなさい。ただし、長年、心に深く思い込んでいる篳篥の、小調子という曲を、吹いてお聞かせしましょう。そのようなことがあったと、のちの語り草にもしてください」と言ったので、（海賊の）首領が大きな声で、「お前たち、しばらく待ちなさい。あのように言っていることだ。聞きなさい」と言ったので、（海賊たちは）船を押さえて、それぞれ静まると、用光は、これが最期だと思ったので、涙を流して、素晴らしい音を吹き出して、澄んだ音色で笛を吹いた。
　ちょうどそのとき、その（すばらしい篳篥の）調べは、波の上に響いて、かの潯陽江のほとりで、琵琶を聞いた昔話と同じようだった。海賊は、静まって、言葉もない。よくよく聞いて、曲が終わって、先ほどの声が、「あなたの船にねらいをつけて、（自分たちの船を）寄せたけれども、曲の音色に涙が落ちて、ここはやめた」と言って、（海賊は）漕ぎ去った。

11

〈解答〉
問一、A、おしえ　B、まいらする　問二、Ⅰ、ア　Ⅱ、オ　Ⅲ、ウ
問三、(1) 十二(月)　(2) しわす　問四、オ　問五、エ
問六、与三郎(または、中間)(が、)打ち合わせ通りに福の神と答えなかった(または、名前を聞かれて与三郎と答えた)(から。)
問七、ア

問一、A、助詞以外の「を」は「お」にして、語頭以外の「は・ひ・ふ・へ・ほ」は「わ・い・う・え・お」にする。B、「ゐ」は「い」にする。

問二、Ⅰ、時間を表し、大晦日の夜に早く寝るように指示している。Ⅱ、「福の神」を中に入れるために、急いで戸を開けることを伝えている。Ⅲ、中間が明朝の計画をしっかり理解するように、丁寧に言い含めている。

問三、1、一年の最後の日、「十二月三十一日」である。2、「師走」と書く。

問四、「福の神」であると答えるように言われていることから、何者であるかを問いかけていることをおさえる。

問五、「あすは早々おきて来り、門をたたけ」と指示した通りに、中間がやってきて門をたたいたことをおさえる。

問六、亭主は中間に「福の神にて候」と答えるように伝えていたのに、中間が「いや与三郎」と答えたことを不満に思っている。

問七、亭主は新年の初めに中間を使って「福の神」を迎え入れるつもりだったが、指示を忘れた中間が最後に「福の神」を名乗り、そのまま去ってしまうという結果になっている。

▲口語訳▼ 異常なほどどのようなことでも縁起のよい悪いを気にする人がいた。与三郎という下働きの男に、大晦日の晩に言い教えて、今夜はいつもより早く家に帰って寝て、明日は朝早く起きて来て、門をたたけ。中から、誰だと聞くので、福の神でございますと答えろ。すぐに扉を開けて、中に入れるからと。何度も言い含めた後、主人は気にかけて、鶏が鳴くのと同じくらいに早く起き、門の中で待っていた。
　計画していた通りに、戸をたたく。誰だ誰だと聞く。いや、与三郎ですと答える。不愉快だけれども、門を開けてから、あたりに火をともし若水をくんで、ごちそうを準備したけれども、主人がどうも顔が不機嫌で、まったくものを言わない。下働きの男は不思議に思い、よくよく思い返すうちに、夜に教わった

福の神のことをすっかり忘れていたことを、酒を飲むころにようやく思い出し、びっくりして、お膳を片付け、座敷を立つ際に、それでは福の神でございます。これでおさらば申し上げますと申した。

12

〈解答〉

問一、となえて　問二、オ　問三、ウ　問四、エ　問五、ア　問六、イ

問一、語頭以外の「は・ひ・ふ・へ・ほ」は「わ・い・う・え・お」にする。

問二、aは、上人が小児に泣いている理由をたずねている。bは、小児が自分が泣く理由を説明している。cは、村の人が小児に泣きやんだ理由をたずねている。dは、小児が泣きやんだ理由を説明している。

問三、二歳で父に死に別れ、今日また母に死に別れたと言って泣いていることをふまえる。

問四、「など泣きやみたるぞ」と村の人に聞かれ、上人が授けてくれた経文の意味を理解したからだと答えている。

問五、人に「おくれさきだつ」のが世の常の定めであり、避けられないことだと述べている。

問六、七歳の小児なのに、空也上人の授けた経文の意味を理解し、泣きやんだことに驚き感心している。「ただ人にはあらず」とあるので、普通の人間ではないと考えている。

◀口語訳▶　空也上人が、道を通り過ぎなさったときに、ある家の門に年七歳くらいである小児が泣いて立っていた。上人は、「どうして泣くのか」とお尋ねになったところ、小児が答えたことには、「二歳でございましたときに、父に死に別れた。ただ一人頼りにしていました母に、今日の夜明け前にまた死に別れた。今となっては誰を頼りにして身を立て、いつの世に再び相見る事ができるでしょうか」と言ったので、上人は聞いて、「泣いてはいけない」となぐさめて、指をはじいて音を出しておっしゃるには、

「朝夕歎心忘後前立常習」

と唱えて通り過ぎなさった。小児は、この経文を聞いて、すぐに泣きやんでしまった。村の人が、「あんなにも悲しんでいたのに、どうして泣きやんだのか」とたずねたところ、「上人が（私に）お授けになった経文がある。その意味は」といって話したことには、

「朝夕に歎く心を忘れてしまうのがよい。人に先に死なれ、人より先に死ぬのは、世の常の定めだ」

七歳の人でこのように意味を理解することができたのも、普通の人ではない。やはり小児は、仏の化身であったのだろう。

13

〈解答〉

問一、かわん　問二、ア

問三、(1)「まける」という言葉を「値段を下げる」という意味ではなく、「勝負に負ける」という意味で使ったということ。（同意可）　(2) b

問一、語頭以外の「は・ひ・ふ・へ・ほ」は「わ・い・う・え・お」にする。

問二、「とどめ」は、「とどむ」の連用形で、引き止めるという意味。

問三、(1) 谷風は、鰹が「価いと高かり」と感じて「まけよ」と言っていることに着目する。一方、魚を売っている男は、力士として勝負にこだわる谷風が「まける」と言うのは「いむべき」と言っていることから考える。(2)「筆者が見た内容」にあたる、谷風と魚を売っている男のやりとりをおさえる。「をかしかりき」は感想、「これは谷風のまくるにあらず」以降は説明。

◀口語訳▶　関取谷風梶之助は、弟子を供として連れて日本橋本船町を通っていた時、鰹を買おうとしたが値段が高かったので、弟子に頼んで、「（値段を）まけろ」と言わせて通り過ぎると、魚を売っている男が（谷風を）呼びとめて、「関取がまけると言うことはさけるべきことだ」と言ったので、谷風は立ち戻り「買え買え」と言って（弟子に）買わせたのはまあこっけいであった。これは谷風がまけるのではなく、魚を売っている男の方に（値段を）まけさせることになるので、それほど慎むべきことにはならないのに、「買え買え」と言ったのは少しあせって早とちりをしたように見えた。これは私が若かった時に目の前で見たことであった。

14

〈解答〉

問一、a、ウ　b、イ　問二、さつき　問三、オ
問四、Ⅰ、イ　Ⅱ、イ　Ⅲ、ア　問五、オ　問六、ア・エ　問七、ア
問八、オ　問九、エ
問十、⑴ まいる　⑵ ほのお　⑶ いちょう

問一、a「息災」は、「仏の力で災いを防ぐ」という意味から転じて、災いもなく、体が元気であること。ここでは、健康などに問題がないこと。b「さらば」は、それまでの内容を受ける言葉。

問三、「さればこそ」の「こそ」という係助詞に呼応して、結びが「つれ」と已然形になっている。

問四、Ⅰ、売主に「大坂陣では佐奈田ぢや」と言われて、「強からう」と思った人物。Ⅱ、買った牛が思ったような働きをしないので、「腹立ち」ている人物。Ⅲ、売った牛について文句を言われて、答えている人物。

問五、売主は、佐奈田について「たびたびかけこそしたれ、一足もひいたことはなかつた」と話している。

問六、「佐奈田ぢや」と言われて買った牛を働かせてみると、「何の役にも立たぬ牛」であり、売主も「さうであらう」とそのことを認めている。また、売るときに売主は、「なかなか力の強く…息災な」としか言っていない。

問七、牛の行動について、「犂は一足もひかず」「人を見てはかけ出でて、角にてかけんかけんとする」と述べている。

問八、買主は「とどかぬ嘘をついて、人をばかけて」と非難したが、売主は佐奈田の「たびたび…なかつた」と言い返して、牛が佐奈田のようであることは本当だと言いつくろっている。

問九、ア・オは鎌倉時代、イ・ウは平安時代の成立。

問十、⑴「ゐ」を「い」にする。⑵ 語頭以外の「は・ひ・ふ・へ・ほ」は「わ・い・う・え・お」にする。⑶ 語頭以外の「は・ひ・ふ・へ・ほ」は「わ・い・う・え・お」にする。「eu」は「yô」と発音するので、「てふ」は「てう」となり、「ちょう」にする。

▲口語訳▼　今はむかし、ある人が牛を売ったところ、買主が「この牛は、力も強く病気もないか」と言ったところ、売主は答えて、「とても力が強く、しかも病気が無い(牛である)。大坂の陣での佐奈田だと思ってくれ」という。「そうであるならば」といって(買主は)買い取る。
五月になって、この牛に犂をかけて田を掘り返させようとすると、とても弱くて田を掘り起こせず、犂を一歩も引かない。どうかすると人を見てはかけだして、角でひっかけようとする様子に、(買主は)「何の役にも立たない牛だ。なんともまあ憎い事を言って買わせたものよ。大坂の陣では佐奈田だと申していたので、そのように強いだろうと思ったのに、犂は一足も引かず、そのくせ人を見てはひっかけようとする」と怒っていた。

ある時に(買主は)あの売主に会って、「あなたはとんでもない嘘をついて、人をついて犂を引かない牛を、佐奈田だと言って売りつけた」と言ったところ、売主が答えて、「そうだろう。犂は一足も引かないだろう。人を見てはひっかけようとするのは本当であろう。そうであればこそ佐奈田だと申したのだ。大坂の陣で佐奈田は、何度も何度も敵中に攻め入ったことはあっても、一足も退いたことはなかった。その牛も引かないのだから佐奈田である」と言った。

15

〈解答〉

問一、ア、たえかねて　イ、おもうによって　問二、ア
問三、いかさ〜るべき
問四、A、欲心　B、日に一つ産んでいた金の卵さえ手に入らなくなった
問五、エ

問一、ア、語頭以外の「は・ひ・ふ・へ・ほ」は「わ・い・う・え・お」にする。イ、語頭以外の「は・ひ・ふ・へ・ほ」は「わ・い・う・え・お」にする。また、「つ」は、ことばの意味を考えて促音の「っ」にする。

問二、「二つも三つも、続けさまに産ませばや」と責めたものの、鶏は一つしか産まなかったことや、「日々に一つよりほかは産まず」に着目する。

問三、思っていることを表す「主、心に思ふやうは」や、引用の助詞「と」をおさえる。

問四、「金のまろかし」を産む鶏に、「二つも三つも…産ませばや」と思ったり、「この鳥の腹には…金や侍るべき」と考えて「その鳥の腹を割」いたりしたことから考える。

問五、「金のまろかし」を産む鶏の飼い主の話をふまえて、「人の欲心にふける事は…異ならず」「積み重ねたく思ふによつて…その身をほろぼす者なり」と述べている。

▲口語訳▼　ある人が、鶏を飼っていると、日々に金の丸い塊を卵のように産むことがあった。飼い主は、これを見て喜ぶこと、はなはだしかった。しかし、日に一つ（だけ）産むことに堪えきれず、「二つも三つも、続けさまに産ませよう」と、その鶏をたたいて責めたけれども、その様子もない。日々に一つより多くは産まなかった。

飼い主が、心に思ったことには、おそらくは、この鶏の腹には、大きな金があるのだろうと、その鶏の腹を切り裂いた。このようにして、頭のてっぺんから足の爪先に至るまで見たけれども、ほかの金はなかった。その時、飼い主は、後悔して、「もとのままにしておけば良かったものを」と言った。

そのように、人が欲張る心におぼれることは、この飼い主が鶏の腹を切り裂いたことと、変わりはない。日々少しの儲けがあれば、生きていけるものだけれども、多く財物を持ちたく思うことによって、最後には十分に満足することなく、なおその上に、大切なものを失くして、その身を滅ぼす者になる。

◇3 文学的文章◇（P.66〜80）

1

〈解答〉

問一、a、善戦　b、繰(り)　c、爆発　問二、イ
問三、A、エ　B、ア　問四、イ
問五、黙って璃子の言い分に耳を傾け、璃子自身が反省するまで見守るべきであった。(同意可)
問六、ア　問七、エ
問八、自分自身は、実と同じ大学に行きたいと強く願っているが、実から大学は他にいくらでもあると言われ、気持ちを理解されていないと感じたから。(同意可)
問九、ア・オ

問二、「冬」という寒さの厳しい季節から連想されるような厳しい試練（トラブル）が起こったことを暗喩している。

問四、「よくできた」と自信のある様子を表す。

問五、「僕」が落ちこむ璃子を慰めようと励ましたことを、後で「このときの僕のような対応は、望ましくない」と自省していることをおさえる。璃子が「おとなしいように見えて」「意外に感情豊か」であることに気づき、「感情をバクハツさせ」たときは「黙って璃子の言い分に耳を傾け」「感情的になったことを璃子自身が反省する、そこまで辛抱強く見守るしかない」と述べている。

問六、ふだんはおっとりした璃子に「ぴしゃりと言い返」され、「いや、その、わかるっていうか、そんな気がするっていうか……」と返答に困っている様子をおさえる。

問七、直前で「僕もちょっとむっとした」とあり、「落ちこんでいるのはわかるが…励まそうとしているのに聞く耳を持たないなんて、璃子らしくもない」とあることから判断する。

問八、「僕」に「なにも絶対うちの大学受けなあかんってこともない」「他にも大学はたくさんある」と言われたが、璃子は「他の大学じゃだめなの！　わたしはここに行きたいの！」と伝えていることから、二人の志望校に対する考え方に違いがあったと考える。

問九、模試の結果が「C判定」だったことを「僕」が慰めても、「璃子の表情は晴れなかった」ことをおさえる。また、「僕」に「なにも絶対うちの大学受けなあかんってこともない」「他にも大学はたくさんある」と言われたあとに、「他の大学じゃだめなの！　わたしはここに行きたいの！」と強く言い返していることに着目する。

2

〈解答〉

問一、イ　問二、日本舞踊　問三、a、ウ　b、ア
問四、竹刀のささくれを修理する作業〔。〕(14字、または15字)(同意可)
問五、剣道が好きだから続けるのであって、勝てるようになってきたからではないということ。(40字)(同意可)
問六、ア　問七、エ
問八、A、オ　B、ア　C、イ　D、エ　E、ウ

問一、直前の「片手に鍵をジャラジャラさせている」に着目すると、鍵を持っていることから、「先生」は剣道場の戸締りに来たところであるものの、「私」にすぐさま帰宅をうながしているわけではないことをおさえる。

問二、直前で「先生」は「私」の剣道について「最初から動きを真似るのは上手かった」と評しているので、「私」が剣道を始める前にやっていた経験に着目する。

問四、「私」が「稽古が終わったあと」で、「先生」から声をかけられた時にしていた作業である。

問五、「それ」が指しているのは、「先生」から言われた「けっこう、勝てるようになってきた」こと。それに対して「私」は「たぶん私、勝てなくても、続けると思います」と答えており、後で「私にしてみれば、逆になんでみんな、そんなに勝敗に拘るんだろう、ってことになる」とも考えている。

問六、「私」は剣道に対して「なんでみんな、そんなに勝敗に拘るんだろう」と感じており、「剣道は勝敗を争う競技ではなく、心身の鍛錬と、精神と人格の修養が目的であるって、本にだって書いてある」とも考えている。

問七、ここでの「竹刀袋」は「黒い、竹刀袋」を持ったまま移動している人物を指しているので、「…のような」といった直接的な言葉を使わずに比喩を表している隠喩の表現になっているものを選ぶ。アは、「まるで」という比喩表現が用いられているので直喩。イは、「スタスタと」という擬音語が用いられている。ウは、「月」を人間であるかのように描写する擬人法。

問八、A、「私」は剣道に対する考え方として「勝敗に拘る」ことに対し疑問を覚えており、「私の方が本道じゃない？」とすら考えているものの、頭の中で思っているだけに留めている。B、「私」は「黒い、竹刀袋」を持って移動している人物について「新入生」なのではないかといったんは考えた後で、「いくら気合いが入ってるにしても、入学式の日に部活がないのは常識で分かりそうなもんだし…」と改めて疑問を覚えている点に着目する。C、「黒い、竹刀袋」を持って移動している人物に対し、「私」はその意図を色々考えた末に見過ごすことができず、「追いかける」という行動に出ている。D、「私」は直前で「すっごい顔見たい。できれば挨拶とかしてみたい」と思っているが、直後で「なんたって竹刀袋、般若だし」と声をかけづらく感じる理由についても考えている。E、「私」は直前で「声をかける」としても「やるに決まってんだろがー、とか返されたらヘコむ」と考えているが、直後で「こんな気持ちのままじゃ、入学式になんて出られない」と「黒い、竹刀袋」を持っている人物を放置もできないと感じている。

3

〈解答〉

問一、a、イ　b、ウ　c、イ　d、ウ　e、ア　問二、甲、エ　乙、イ
問三、A、オ　B、イ　C.ア　D、ウ　問四、イ　問五、ウ　問六、イ
問七、ウ　問八、Ⅰ、ア　Ⅱ、ウ　問九、ウ　問十、イ　問十一、エ

問一、a、「試」と書く。アは「快」、ウは「心」。b、「周」と書く。アは「巡」、イは「回」。c、「尋」と書く。アは「訪」、ウは「質」。d、「透」と書く。アは「陶」、イは「凍」。e、「隅」と書く。イは「偶」、ウは「遇」。

問二、甲、前の「子どもはすぐに…眠り始めた」という状況に相反して、飛行機が離陸して一時間ほどした頃「子どもが起きてしまった」とある。乙、私たちが謝ったことに対する後ろに座っていた初老の夫婦の対応。静かに「いいえ」と返事して、さらに「お疲れさまでした」と浅く頭を下げてくれた。

問三、A、普通の語順では前にくる「座席を使わず…移動出来るうちに、と」という理由説明が、「夏になり…海外旅行に出かけた」という一文の後に置き換えられている。B、口を開けて眠る状態を表す語。C、泣くときに上げる声。D、「～のようだ」というたとえを示す語に着目。

問四、筆者が二歳になる前の子ども連れであることをふまえた上で、夜の便なら期待できることを探す。

問五、泣き止むまでの三十分が、「マワりに申し訳ない気持ちでいっぱい」で実際よりも精神的に長く感じている。

問六、「うるさくしてすいませんでした」と謝る行為が、結果的に相手に許せと圧力をかけているのではないかという気持ちをとらえる。

問七、「いいえ」という否定の意を示すときに、横に振るところ。

問九、筆者たちは、子どもが夜の便で声を上げて泣いたので、周りの人の眠りを妨げてしまったと申し訳ない気持ちでいっぱいの状態である。後ろに座っていた初老の夫婦が、それをとがめることなく、反対に「お疲れさまでした」と労い、子どもに関心まで示してくれたので、張りつめていた気持ちがゆるんでいることをおさえる。

問十、急に「特別なもの」として意識しだしたのであるから、これまでは「特別なもの」に当てはまらなかったということになる。

問十一、これより前で、南の島での子どもの様子、「太陽を受け、たゆたう波の光と色」の美しさを見て、「波線」という言葉を思い出したことを述べている。

4

〈解答〉

問一、㋐いとな　㋑修行　㋒隣　㋓や　㋔面倒

問二、①ウ ⑤イ ⑥ア ⑦エ
問三、（最初）季節ご（〜最後）の人柄 問四、19
問五、（二つとも）簡単で失敗が少ないが、自由度が高いので、レシピを考える楽しさを知るにはうってつけ（だから。）（40字）（同意可）
問六、エ 問七、ア 問八、初めはもっ
問九、ペアで挑戦する料理のコンテスト。（16字）（同意可）
問十、すでに新入生が七名退部した（13字）

問二、①多くの人が店に訪れていることから、和食屋『新居見』が「メディアに取り上げられたり…紹介されたり」した頻度を考える。⑤「各班」で設定しているので、生地の配合がそれぞれの班で異なっていることをおさえる。⑥「生地を混ぜる水の分量…計算することがポイントになる」ので、「水の分量」「焼き加減」「食材」の組み合わせによって、避けたいチヂミの食感を考える。⑦生地に「鰹節」を入れて「和風に仕上げた」とあるが、作っているのは韓国料理のチヂミなので、少しだけ「和風」にしたということ。

問三、和食屋『新居見』が人気であることについて、前でも「饒舌な母は看板女将としても知られており…目当てに、多くの人がこの店を訪れる」とある。

問四、「蓉を除く十八人の部員は」とあるので、そこに「蓉」を足す。

問五、チヂミとナムルの基本的なレシピをふまえて、「ふたつとも簡単で失敗が少なく…レシピを考える楽しさを知るにはうってつけだった」と続けている。

問六、「これほど簡単で…意気込みじゃないと」「言い方でごまかしちゃだめ」といった蓉の発言に着目する。「本格的なもの」を知らず、工夫がないことを「本格的」という言い方でごまかさずに「もっともっとチャレンジしてほしかった」と批判している。

問七、「自分が言った言葉は…自分に返ってくる」に注目。「料理そのもので勝負せず、プレゼンでごまかし…自分」が、かつて同じようなことをし、同じような評価を下されたことを思い出し、そんな自分が「同じような意見を述べ、偉そうに評価している」ことに落ち込んでいる。

問八、「厳しすぎ！」と言われているので、『ワンポーション』に出場し、「審査員の考え方を意識する癖」がついたことで、「ついきつい口調になってしまう」ことに着目する。

問九、蓉が「料理そのもので勝負せず…と言われた自分」と思い出していることから、料理を作り評価するコンテストであることをおさえる。さらに、『ワンポーション』を意識してしまっている蓉が、「無意識に自分のペアを探そうとしている」ことにも着目する。

問十、責務について直前に「部を円滑に運営すること」とあるので、「円滑」とはいえない事実を探す。「初めは…褒めて上げたほうがいい」という時期に「新入生が七名退部した」ことは、部内がうまくいっているとはいえない。

5

〈解答〉

問一、X、今、ちゃんと生きてここにいるんだ Y、不思議な存在感を放つ
問二、(1)ウ (2)ア
問三、ルイが欲しがったことに驚く（13字）（同意可）
問四、エ 問五、イ

問一、X、まゆが、「なんだろう、これ…ちゃんと生きてここにいるんだって、気がついた気がする」とつぶやいたことに着目する。Y、「ルイが、まゆちゃんをモデルに絵を描いた」だけのシンプルなものだが、「今まで見えていなかった…存在感を放つ姿」を感じていることをおさえる。

問二、(1)「覆いかぶさっ」て「自分の絵」を隠しているまゆに、「でき上がった絵は…でき上がった瞬間に」作品自体に「まわりに自分を見てもらいたいな、という意志」が生まれ、それは「描いた人の心とは別に、新しく生まれる」と実弥子は話している。(2)まゆは自分の絵に自信がなく、「見せることをためら」っている。実弥子から「でき上がった絵」に「まわりに自分を見てもらいたいな、という意志が生まれる」と聞かされ、最初は「……ほんとに？」と「不安そう」な様子だったが、ルイに「見せてよ」と言われたことで、「照れ」ながらも絵を

見せようとしている点に着目する。

問三、まゆが「やっぱり…はずかしい」と言って画用紙を丸めたが、ルイがその絵を「これ、ほしい」と言ったことをおさえる。

問四、「ルイが描いた自分の顔が、自分を見ている」「ルイが描いた自分」「ルイが見ていた自分」と何度も絵の中の「自分」を感じており、「自分が、他の人の目に映っているということを初めて知った気がした」と思っている。

問五、実弥子は、「ルイが描いた」絵を見たまゆの「自分が今、ちゃんと生きてここにいるんだって、気がついた気がする」というつぶやきから、「なんのために絵を描くのか」という「問いの答え」の手がかりを感じている。まゆは「ルイの描いた」絵を見て、自分が「ちゃんと生きてここにいる」ことや「自分が、他の人の目に映っている」ことに気づいている。この二人を、同じ「絵画教室」に通うルイとの会話を交えながら描いている。